Cuisine française à la Maison

김민규 셰프의

프렌치 주방

셰프처럼 요리하기 02

Cuisine française à la Maison

김민규 셰프의

프렌치 주방

김민규 지음

BR미디어

셰프의 말

지난 2004년, 그저 요리가 좋아 세계 최고의 요리를 배우고 싶은 마음 하나로 프랑스로 유학을 떠났습니다.

식탁 앞에 앉는 즐거움을 더해주는 미식의 천국이자 오트 퀴진의 유토피아라 불리는 프랑스지만, 그런 나라의 요리를 된장 고추장에 길들여진 한국 사람이 혀끝부터 다시 익힌다는 것은 말처럼 쉬운 일이 아니었지요.

10년 넘는 프랑스 생활을 하면서 거대한 바위를 송곳으로 천천히 뚫어가는 심정으로 눈과 귀를 열었고, 가을날 곡식을 쟁여가는 농부의 마음으로 천천히 요리사의 길을 걸었습니다. 언어를 배우고 새로운 미식의 세계에 눈을 뜨면서 날마다 프랑스 요리의 진가를 알게 되었고, 세계 최고의 요리를 선사하는 셰프들을 만나면서 요리사로 인생을 살아가는 데 많은 배움을 얻기도 했습니다.

처음 인턴으로 일했던 리옹의 미쉐린 2스타 레스토랑 〈기 라소제Guy Lassausaie〉의 오너 셰프 기 라소제 셰프에게는 오트 퀴진의 기본기를 배웠고, 파리에서 만난 첫 셰프인 프랑스를 대표하는 스타 셰프 장 프랑수아 피에주는 파인 다이닝이 무엇인가를 가르쳐 주었지요. 두 셰프 모두에게로부터 뜨거운 열정과 자신만의 요리 철학이 깊다는 것, 섬세하고 창의적인 프랑스 요리에 대한 무한한 애정을 느낄 수 있었습니다.

요즘은 푸아그라, 달팽이, 송로버섯 등 프랑스 요리에 쓰이는 식재료들이 잘 알려지기는 했지만 여전히 많이 듣는 말은 "프랑스 요리는 어렵다."라는 것입니다. 그러나 장인정신 투철한 대가들의 요리 역시 가만히 들여다 보면 기본 소스와 조리법에 충실하면서 창의력과 독창성을 가미해 한 차원 더 나은 요리로 승화시켜냅니다. 아무리 멋진 음식이라도 선

뜻 손이 안 가고 먹기 어렵다면 '맛있는 음식'이 될 자격이 없겠지요.

파리에서는 매주 요일을 정해 각 구역마다 장이 서는데 저는 쉬는 날이면 빼놓지 않고 재래시장 구경에 나섰습니다. 활력 넘치는 장터는 새로운 요리에 무한한 영감을 주었고 신선하고 질 좋은 제철 식재료는 즐거운 레시피의 보고였습니다. 프랑스의 전설적인 미식 평론가 브리야 샤 바랭은 새로운 요리의 발견은 새로운 천체의 발견보다 더 큰 행복을 인류에 기여한다고 말했습니다. 이미 세상에는 무수히 많은 요리들이 나와 있지만, 요리에 있어 가장 기본은 식재료와 계절감입니다. 신선하고 좋은 재료만 있다면 인류의 행복에 기여하는 다양한 요리로서의 변주가 시작됩니다.

책을 준비하면서 염두에 둔 것은 두 가지입니다.

프랑스 요리를 보다 쉽고 가까이서 즐길 수 있을 것.
시장이나 마트 등 어디서든 구할 수 있는 식재료를 이용해 요리할 수 있을 것.

구하기도 어려운 재료를 쓰고 까다로운 조리법으로 난해한 요리를 한다면 박제된 요리책이 아닐까 싶어 이해하기 쉬운 조리법과 설명에 근간을 두었습니다.

사람은 듣는 것보다 보는 것, 보는 것보다는 맛본 것을 더 선명하게 기억합니다. 음식의 맛이 '있고, 없고'를 결정짓는 요인은 음식을 만드는 과정에 있습니다. 재료의 조화, 밑간의 기다림, 소스의 농도, 불의 세기, 익힘의 정도, 스타일링 등 맛을 결정하는 데는 무수히 많은 변수가 있지요.

10년 넘는 프랑스 생활을 하고, 프랑스 요리사로 살아가면서 보다 많은 사람들이 프랑스 요리를 가까이 접하고 즐길 수 있기를 바라왔습니다. 책에는 기본이 되는 프랑스 요리의 아뮤즈부터 다양한 파트의 요리와 가니시를 담았고 육수와 소스를 내는 정공법을 부록에 실어 가능한 재료 고유의 맛을 느낄 수 있도록 했습니다.

허기가 없더라도 식탁으로 가서 구미가 당기는 음식을 볼 때 생기는 것이 식욕이고, 비워진 그릇을 보고 돌아섰을 때 다시 생각나는 맛이, 진정 맛있는 음식이라 생각합니다. 이 책에 소개된 레시피들이 프랑스 요리를 보다 가까이 접하고 더불어 '맛있는 즐거움'을 찾는 데 일조할 수 있기를 바랍니다.

마지막으로 1년이 넘는 기간 동안 책 작업으로 주말 없이 집에서 세 아이들을 돌보며, 늘 응원해주고, 셰프로서 일하는 데 가장 든든한 후원자가 되어준 아내에게 깊은 고마움을 전합니다.

또 이 책이 완성되기까지 애써주신 김은조 편집장님, 김윤아 에디터, 신혜진 에디터, 권혁민 디자이너, 그리고 좋은 제안을 해준 후배 이유석 셰프에게도 감사의 말을 전합니다.

감사합니다.

2017년 5월 3일
셰프 김민규

contents

04 ········ 셰프의 말
14 ········ 이 책을 보는 법

Amuse
아뮈즈

20 ········ 연어 타르타르와 발사믹 비네그레트로 마리네이드한 감자
24 ········ 호박 카넬로니와 크림치즈로 마리네이드한 게살
28 ········ 모둠 아뮈즈
34 ········ 버섯 타르트
38 ········ 흰살생선 타르타르와 망고
42 ········ 모차렐라 치즈와 가지 호박 밀푀유 🌱
46 ········ 크림치즈로 속을 채운 방울토마토 🌱
50 ········ 흰살생선 튀김과 타르타르 소스

🌱 채식주의자를 위한 비건 요리
🔶 하루 전에 재료를 재우거나 숙성시켜야 하는 요리

Potage
수프

- 56 ······· 양파수프
- 60 ······· 버섯 벨루테
- 64 ······· 토마토 가스파초 🔴
- 68 ······· 비시수아즈
- 72 ······· 부야베스
- 76 ······· 펜넬 크림수프와 바지락
- 80 ······· 단호박 수프

Entrée
전채

- 86 ······· 새우 토마토 밀푀유
- 90 ······· 토마토 타르트 🌿
- 94 ······· 아스파라거스와 요거트 소스
- 98 ······· 팬프라이한 문어구이와 감자
- 104 ······ 굴요리 3종
- 108 ······ 소고기 타르타르와 감자튀김
- 112 ······ 흰살생선 브랑다드
- 116 ······ 감자, 대파 퓌레와 수란, 베이컨, 파르메산 치즈
- 120 ······ 리옹식 샐러드
- 124 ······ 니스식 샐러드
- 128 ······ 사프란이 들어간 프로방스풍 홍합찜
- 132 ······ 부르고뉴식 파슬리 마늘버터 달팽이 그라탱

Poisson
생선

- 138 ······· 솔 뫼니에르
- 142 ······· 팬에 익힌 가리비와 단호박 퓌레, 베이컨, 파르메산 치즈
- 146 ······· 연어구이와 비에주 소스
- 150 ······· 프로방스풍 도미 오븐구이
- 154 ······· 돼지고기 라구로 속을 채운 한치
- 160 ······· 블랙 올리브 크러스트를 올린 광어
- 166 ······· 랍스터
- 170 ······· 스팀으로 익힌 연어와 시금치크림소스

Viande
고기

- 176 ······· 로스트 치킨과 오븐구이 채소
- 180 ······· 알자스풍 코코뱅
- 184 ······· 오리가슴살 스테이크와 당근, 시금치 퓌레
- 188 ······· 오리다리 콩피와 카술레 1day
- 192 ······· 바비큐 소스를 곁들인 통 삼겹살찜
- 198 ······· 양갈비와 쿠스쿠스
- 202 ······· 비프 쥐를 곁들인 립아이 스테이크와 감자튀김
- 208 ······· 발사믹 소스를 곁들인 등심 스테이크와 방울토마토, 바질
- 212 ······· 오소 부코
- 216 ······· 뵈프 부르기뇽

Garniture
가니시

....

222 ········ 리옹식 감자볶음
226 ········ 고기로 속을 채운 토마토 오븐구이
230 ········ 감자 그라탱
234 ········ 아스파라거스
238 ········ 채소 글레이즈
242 ········ 라타투유
246 ········ 감자 퓌레

Brunch
브런치

....

252 ········ 코코트에 익힌 채소와 계란
256 ········ 크로크무슈
260 ········ 프렌치 토스트
264 ········ 훈제연어 베이글
268 ········ 에그 베네딕트
272 ········ 팬케이크

Appendix
부록

278 ········ 부록 1. 육수

　　채소 육수
　　생선 육수
　　조개 육수
　　소고기 육수
　　비스크
　　맑은 닭고기 육수
　　시판 스톡 사용법

288 ········ 부록 2. 소스

　　뵈르 블랑 소스
　　베샤멜 소스
　　베아르네즈 소스
　　홀랜다이즈 소스
　　비에주 소스
　　토마토 소스
　　닭고기 소스
　　바비큐 소스
　　소고기 소스

300 ········ 부록 3. 프렌치 주방 용어

Chef's Tip
셰프 팁

27	레몬주스 만드는 법
33	아보카도 손질법
41	제스트 만드는 법
53	버터의 종류
103	굴 껍데기 까는 법
103	감자 삶는 법
127	파프리카 손질법
135	정제버터, 브라운 버터 만드는 법
153	바게트에 마늘 문지르는 법
153	피클링 스파이스 만드는 법
159	짤주머니 사용법
165	쿠스쿠스, 폴렌타 사용법
197	오리 손질법
229	단호박 퓌레 만드는 법
259	수란 만드는 법

| 312 | 저자 소개 |

이 책을 보는 법

❶ 요리의 이름 및 설명 : 요리의 이름과 요리에 대한 간단한 설명을 수록하였습니다. 요리의 유래를 비롯하여 어느 경우에 그 요리를 먹는지, 가니시나 와인은 무엇을 곁들이면 좋은지 등의 정보를 담았습니다.

❷ 만드는 시간 및 제공량, 난이도 : 재료를 손질하고 다듬는 데 걸리는 시간과 조리 시간이 나와 있습니다. 일부 요리는 사용하는 조리도구에 따라 시간이 조금씩 달라지기도 하므로, 내용을 미리 체크해두면 좋습니다. 조리 시간은 해당 레시피의 본요리를 기준으로 하며, 하루 전에 미리 준비해야 하는 가니시는 조리 시간에 포함되지 않는 경우도 있습니다. 난이도는 3단계로 구분하여 ★☆☆가 가장 쉬우며, ★★★로 갈수록 어려워집니다.

❸ 프렙 및 비건 레시피 여부

　　🔸1day 프렙(prep)이란 준비한다는 뜻으로, 조리 전 일부 재료들을 재우거나 숙성시키는 등의 절차를 말합니다.
　　하루 전에 프렙이 필요한 요리에는 난이도 옆에 프렙 마크가 표시되어 있습니다.

　　🌱 채식주의자를 위한 레시피를 표시하는 마크입니다. 이 책에서는 락토(lacto) 비건을 기준으로 비건 마크를
　　표시하였습니다. 채소와 우유를 비롯한 유제품을 사용한 레시피의 경우에 비건 표시가 되어 있습니다.

❹ 조리재료 및 제공량 : 조리재료 란에는 과정에서 사용하는 주재료와 가니시 재료를 모두 표시하였습니다. 대부분의 레시피가 4인분을 기준으로 쓰여 있으므로, 인원수에 따라 적당히 가감합니다. 조리재료 사진은 이해를 돕기 위한 것으로, 조리재료 란에 적힌 용량과는 상이할 수 있습니다. 가니시 재료는 하단에 따로 표기하였습니다. 개인마다 입맛이 달라 소금과 후추의 용량은 따로 표기하지 않고, 조리과정 중에 조금씩 더하여 간을 맞추도록 하였습니다.

❺ 조리도구 : 칼, 필러, 도마, 볼, 팬, 냄비, 체, 믹서, 슬라이서, 그레이터, 몰드, 오븐용 그릇, 튀김기 등 조리에 필요한 도구를 표기하였습니다.

❻ 조리과정 : 요리를 만드는 과정을 가능한 한 상세하게 나누어 담았습니다. 소스나 육수처럼 조리에 필요한 재료지만 조리법이 다른 페이지에 있는 경우 본문에 괄호로 해당 페이지를 표시하였습니다.

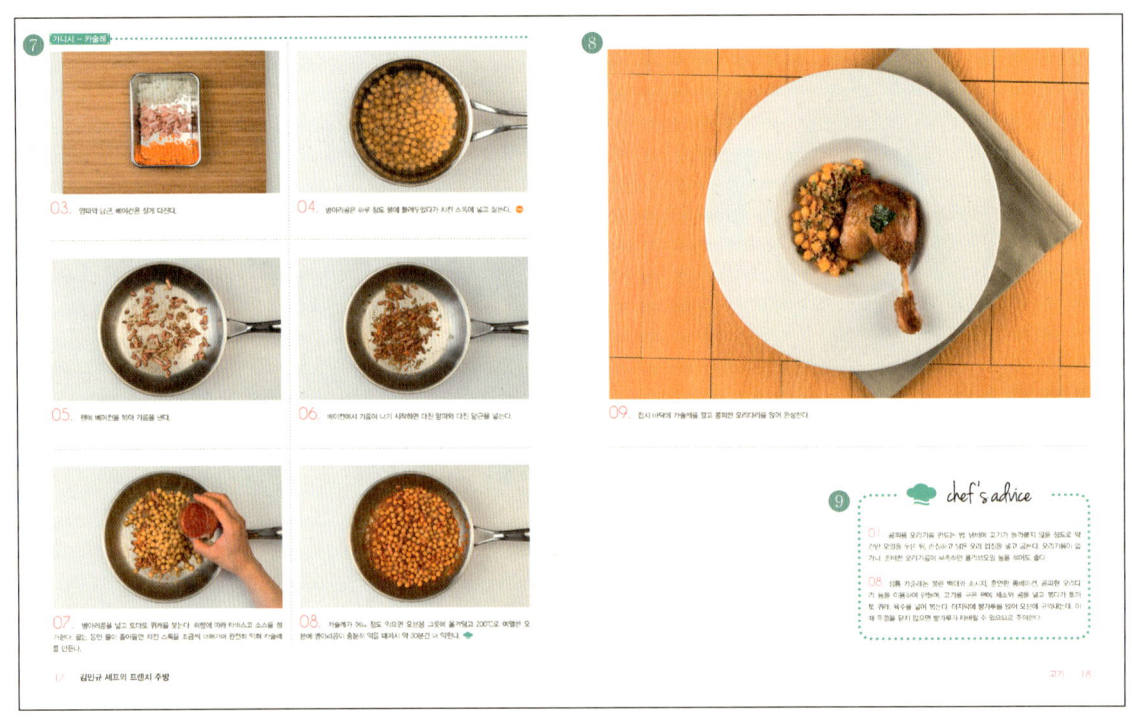

❼ 가니시 : 이 책에서는 가니시만을 다루는 별도의 장을 두고 있으나, 일부 레시피에는 해당 요리에 잘 어울리는 가니시가 함께 포함된 경우도 있습니다. 가니시 조리과정은 사진처럼 별도로 표시하였습니다. 조리과정을 따라 그대로 조리하여도 좋고, 혹은 취향에 따라 가니시 장에 있는 다른 가니시 레시피로 대체하여도 좋습니다.

❽ 완성컷 : 가니시까지 모두 플레이팅한 완성컷입니다. 재료와 가니시를 플레이팅할 때 참고하면 좋습니다.

❾ 셰프 어드바이스 : 조리과정 설명 중에 ◉가 표시되어 있는 번호는 셰프 어드바이스 박스에서 자세한 내용을 찾아볼 수 있습니다. 셰프 어드바이스 란에 특정 재료가 없을 경우 대체하여 사용할 수 있는 재료나 도구 등이 적혀 있기도 하므로, 요리 전에 셰프 어드바이스까지 꼼꼼하게 살펴보는 것이 좋습니다.

 셰프 팁 : 레몬 제스트를 만들거나, 채소, 고기 등의 재료 손질법을 따로 담은 페이지입니다. 목차에서 필요한 팁을 찾아 확인하면 쉽습니다. 조리과정 중에 셰프 팁에 있는 내용이 필요한 경우에는 조리과정 본문에 해당 페이지를 표시하였습니다.

⑪ 프렌치 주방 용어 : 이 책에 수록된 프렌치 조리법이나 국내에서는 잘 사용하지 않는 생소한 재료 등을 설명하는 코너입니다. 이 책에서 사용하는 허브의 종류부터 조리법까지 자세히 풀어 설명하였습니다.

Amuse
아뮈즈

식전에 가볍게 곁들이는 음식으로, '입을 즐겁게 한다'라는 뜻으로
아뮈즈부슈(Amuse-bouche)라고 합니다.
주로 한입에 먹을 수 있는 작은 크기로, 독특하고 이국적인 맛으로 식욕을 돋웁니다.
레스토랑의 메뉴판에는 따로 적혀 있지 않는 경우가 많으며,
식사에 대한 기대감을 불러 일으키는 역할을 합니다.

연어 타르타르와 발사믹 비네그레트로 마리네이드한 감자
Tartare de saumon et pomme de terre

호박 카넬로니와 크림치즈로 마리네이드한 게살
Cannelloni courgette aux crabe

모둠 아뮈즈
Assortiment de amuse

버섯 타르트
Tarte aux champignons

흰살생선 타르타르와 망고
Tartare de poisson à la mangue

모차렐라 치즈와 가지 호박 밀푀유
Millefeuille aux légumes

크림치즈로 속을 채운 방울토마토
Tomate cerise farcie

흰살생선 튀김과 타르타르 소스
Goujonnette de poisson, sauce tartare

연어 타르타르와 발사믹 비네그레트로 마리네이드한 감자
Tartare de saumon et pomme de terre

발사믹 비네거가 들어간 올리브오일로 마리네이드한 감자와 생연어 타르타르 요리.
산도 있는 발사믹 비네거에 마리네이드한 부드럽고 담백한 감자와
레몬 오일로 간을 맞춘 연어와의 조합이 잘 어울리는 아뮈즈입니다.

■ 준비시간 30분 ■ 조리시간 10분 ■ 난이도 ★☆☆

🔴 조리재료 • 4인분

연어 200g, 감자 200g, 올리브오일 100㎖, 발사믹 비네거 100㎖, 레몬주스(또는 레몬 비네거) 50㎖, 차이브 5g, 딜 5g, 소금, 후추

🔴 조리도구

칼, 도마, 볼, 냄비

01. 연어는 껍질을 제거하고 잘게 썬다.

02. 손질한 연어는 올리브오일과 레몬주스, 소금, 후추로 간을 하고 잘게 썬 딜도 함께 넣는다. 양파, 케이퍼 등을 잘게 썰어 넣어도 좋다.

03. 감자는 소금을 넣은 물에 80% 정도 익도록 삶는다. 기호에 따라 통후추, 통마늘, 타임 등의 향신료를 추가해도 좋다.

04. 익힌 감자는 1~2cm 두께로 잘라 모양을 잡는다.

05. 올리브오일에 발사믹 비네거, 소금, 후추, 차이브를 넣은 마리네이드 오일을 만들어 감자를 재운다. 올리브오일과 발사믹 비네거의 비율은 3:1 정도로 하고 소금은 너무 많이 넣지 않는다.

06. 허브 향이 날아가지 않도록 쿠킹호일 등으로 덮어 20~30분간 마리네이드한다.

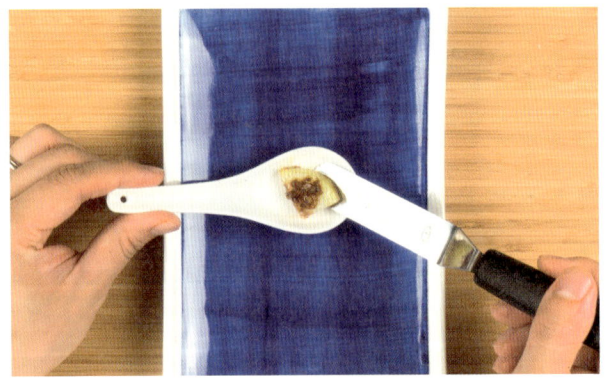

07. 마리네이드한 감자를 그릇에 담고 차이브 찹을 뿌린 후 연어를 올린다.

chef's advice

02. 연어 타르타르를 마리네이드하는 과정으로, 레몬주스가 없으면 올리브오일과 간장을 섞어서 사용해도 좋다.

05. 타임, 로즈마리, 양파 등을 잘게 썰어 넣으면 더욱 좋다.

06. 콩피한 감자를 발사믹 비네거의 산도를 이용해서 익혀주는 과정이다. 시간 여유가 있다면 70~80℃로 데운 마리네이드 오일에 생감자를 담가 약 1시간가량 천천히 익혀도 좋다.

08. 잘게 썬 차이브를 올려 완성한다. 라임이나 레몬이 있다면 제스트(41페이지 참조)를 뿌려 상큼한 향과 색감을 살린다.

호박 카넬로니와 크림치즈로 마리네이드한 게살
Cannelloni courgette aux crabe

살짝 익힌 주키니 슬라이스에 부드러운 크림치즈와 게살로 만든 속을 채워 말아낸 카넬로니 스타일의 아뮤즈입니다. 주키니 외에도 오이, 당근, 가지 등을 이용해 카넬로니를 만들 수도 있습니다.

■ 준비시간 30분　■ 조리시간 10분　■ 난이도 ★☆☆

🔴 조리재료　● 4인분

주키니(또는 애호박) 1개, 게살 200g, 레몬주스 50㎖, 크림치즈 50g,
올리브오일 10㎖, 셰리 비네거 10㎖, 차이브 5g,
파프리카 파우더(또는 고운 고춧가루) 2g, 소금, 후추

가니시 어린잎 샐러드 10g

🔴 조리도구

칼, 필러, 도마, 볼, 냄비

01. 주키니는 필러를 이용해서 얇게 슬라이스한다. 게살은 먹기 좋은 크기로 잘게 찢어 다진다.

02. 슬라이스한 주키니는 소금물에 1분간 살짝 데친 후 바로 찬물에 넣어 식힌다. 주키니가 식으면 페이퍼 타월로 물기를 제거한다.

아뮈즈

03. 게살은 레몬주스, 올리브오일, 차이브 찹, 세리 비네거, 소금, 후추, 크림치즈를 넣고 섞는다. 양파가 있다면 약간 다져서 함께 섞어도 좋다.

04. 데친 주키니 위에 소금, 후추를 살짝 뿌려 간하고 3번의 양념한 게살을 올려 말아낸다.

05. 주키니로 감싼 게살 위에 약간의 차이브와 파프리카 파우더, 어린잎 샐러드를 올려 완성한다.

chef's tip
레몬주스 만드는 법

포크나 스퀴저, 거즈 등을 이용하여 레몬즙을 짜낼 수 있습니다. 일반적으로 레몬즙을 짜낼 때는 스퀴저를 이용하지만, 스퀴저가 없다면 포크를 이용할 수도 있습니다. 거즈를 이용하는 방법은 레몬즙을 짤 때 손에 레몬즙이 묻지 않는 장점이 있으며, 레몬을 요리와 함께 내어 손님이 직접 요리에 즙을 짤 때 주로 사용합니다.

● 스퀴저 사용법 ●

01. 레몬을 도마 위에 놓고 손바닥으로 눌러가며 굴린다. 이렇게 하면 과육이 무너지면서 즙이 더 잘 나온다.

02. 레몬을 반으로 자른다.

03. 자른 레몬을 스퀴저에 올리고 손으로 꾹 눌러가며 즙을 짠다.

● 거즈 사용법 ●

03. 넓게 편 거즈에 반으로 자른 레몬을 올려놓는다.

04. 거즈를 모아 레몬을 감싼다. 남는 거즈는 둘둘 말아서 입구를 막는다.

05. 조리용 실 등으로 입구를 묶는다.

● 포크 사용법 ●

06. 길게 늘어진 꼬리 부분을 자른다.

07. 접시에 담아 낸다.

03. 반으로 자른 레몬의 단면에 포크를 꽂아 레몬 과육의 중심에서 껍질 쪽으로 과육을 밀어가며 즙을 빼낸다.

모둠 아뮈즈
Assortiment de amuse

홈 파티나 식전주를 즐길 때 간단하게 만들 수 있는 모둠 전채로,
치즈나 훈제연어, 프로슈토 등 다양한 재료로 즐길 수 있는 아뮈즈입니다.

■ 준비시간 45분　■ 조리시간 20분　■ 난이도 ★☆☆

조리재료　4인분

방울토마토 4개, 모차렐라 치즈 200g, 통조림 참치 100g, 페타 치즈 100g, 프로슈토 100g, 훈제연어 100g, 샬롯 1개, 아보카도 1개, 마요네즈 20g, 올리브오일 10㎖, 발사믹 비네거 10㎖, 차이브 5g, 케이퍼 5g, 소금, 후추

조리도구

칼, 도마, 볼, 냄비

참치 스프레드와 토마토

01. 방울토마토는 끓는 물에 살짝 데쳐 찬물에 식힌 후 껍질을 벗긴다.

02. 껍질을 벗긴 방울토마토는 3등분하여 씨를 제거한다.

03. 통조림 참치는 기름을 짜내고 마요네즈와 차이브 찹, 소금, 후추를 섞어 스프레드를 만든다.

04. 4등분한 방울토마토 위에 참치 스프레드를 얹어 완성한다.

페타 치즈와 프로슈토

05. 페타 치즈는 2cm 정도 길이에 새끼손가락 굵기로 썰고 소금, 후추를 뿌려 간한 후 올리브오일을 약간 뿌린다.

06. 길게 자른 프로슈토로 페타 치즈를 말아낸다.

훈제연어와 아보카도

07. 페타 치즈를 만 프로슈토에 이쑤시개 등을 꽂아 완성한다. 말린 토마토를 곁들여도 좋다.

08. 아보카도는 껍질과 씨를 제거하고 얇게 슬라이스한다. (아보카도 손질법은 33페이지 참조)

09. 훈제연어는 세로 2~3cm, 가로 10cm 정도로 잘라 손가락으로 말아서 접시에 담는다. 손가락으로 자연스럽게 말아 장미 모양으로 만들어도 좋다.

10. 한입 크기로 썬 아보카도와 훈제연어를 곁들여 완성한다. 접시에 담을 때는 약간의 케이퍼를 곁들여 낸다.

토마토, 모차렐라

11. 방울토마토는 슬라이스한다.

12. 모차렐라 치즈도 방울토마토와 같은 크기로 슬라이스한다.

13. 방울토마토 위에 모차렐라 치즈를 얹고 소금, 후추, 올리브오일과 발사믹 비네거를 뿌린다. 올리브오일과 발사믹 비네거 대신 바질 페스토를 사용해도 좋다.

14. 준비된 네 가지 아뮤즈를 함께 플레이팅하여 완성한다.

chef's tip
아보카도 손질법

아보카도는 잘 익은 것을 골라야 껍질을 까기 쉽습니다.
껍질 색이 짙은 갈색인 아보카도가 잘 익은 것이며,
손으로 만져보았을 때 너무 물렁한 것은 피하도록 합니다.
또한 아보카도의 과육은 껍질을 벗긴 채 두면 공기와 접촉하여 갈색으로
변하므로, 레몬즙 등을 발라 살짝 코팅해주는 것이 좋습니다.

01. 아보카도 중심의 씨를 따라 칼을 한 바퀴 돌려 껍질과 과육에 칼집을 낸다.

02. 반으로 자른 아보카도의 양 끝을 잡고 서로 반대 방향으로 비튼다.

03. 아보카도를 반으로 분리한다.

04. 남아 있는 씨는 식칼 밑둥의 날카로운 부분으로 찍어 고정한다.

05. 칼을 이용하여 씨를 빼낸다.

06. 반을 갈라 씨를 빼낸 아보카도의 모습

07. 과육과 껍질 사이의 공간을 이용하여 손으로 껍질을 벗겨낸다. 잘 익은 아보카도는 손으로 껍질을 벗겨내기 쉽다.

08. 다른 한 쪽도 껍질을 벗긴다.

09. 변색된 부분이 있다면 칼로 잘라낸다.

버섯 타르트
Tarte aux champignons

여러 종류의 버섯을 버터와 함께 팬프라이하여 만든 타르트로,
버섯의 풍미에 부드러운 크림 소스를 더한 아뮈즈입니다.

■ 준비시간 20분　■ 조리시간 10분　■ 난이도 ★☆☆

🔴 조리재료　　4인분

버섯(표고, 느타리, 만가닥, 새송이, 양송이 등) 300g, 생크림 200㎖, 바게트 1개, 카놀라유 50㎖, 올리브오일 50㎖, 버터 10g, 처빌 100g, 세라노 햄 20g, 드라이 파슬리 5g, 소금, 후추

🔴 조리도구

칼, 도마, 냄비, 팬

01. 버섯은 종류별로 반씩 나누어 1cm 크기의 큐브 모양으로 썬 것과 잘게 썰어 다진 것, 두 가지를 준비한다.

02. 오일을 두른 팬을 달군 후 큐브 모양으로 자른 버섯을 넣고 재빨리 볶다가 색이 나기 시작하면 버터를 넣는다.

아뮈즈　35

03. 버섯 뒥셀을 만든다. 달구지 않은 팬에 오일을 두르고 잘게 썬 버섯을 중불에 천천히 볶아 버섯에서 물이 나오도록 조리한다.

04. 잘게 썬 버섯이 갈색으로 완전히 익으면 생크림을 넣어 절반이 될 때까지 졸이고 마지막에 처빌 찹과 드라이 파슬리를 넣는다.

05. 바게트는 1cm 두께로 썰어 버터로 토스트한다.

06. 바게트 단면에 반으로 자른 마늘을 문지르면 마늘 향이 배어 더욱 맛있다. (바게트에 마늘 문지르는 법은 153페이지 참조)

chef's advice

02. 버섯을 볶을 때 잘게 썬 마늘을 함께 넣으면 풍미가 더욱 좋아진다. 다진 마늘은 불에 쉽게 타므로 사용하지 않는 것이 좋다.

07. 구운 바게트 위에 볶은 버섯과 버섯 뒥셀을 올린 후 세라노 햄을 곁들여 완성한다. 처빌 찹과 파르메산 치즈를 더하면 풍미가 더욱 좋아진다.

흰살생선 타르타르와 망고
Tartare de poisson à la mangue

상큼한 레몬소스로 마리네이드한 흰살생선에
단맛의 망고가 어우러진 프레시하고 상큼한 아뮈즈입니다.

■ 준비시간 20분 ■ 조리시간 10분 ■ 난이도 ★☆☆

조리재료 ● 4인분

흰살생선(광어나 도미, 또는 농어) 200g, 망고 1개,
파프리카 파우더(또는 고운 고춧가루) 2g, 올리브오일 50㎖, 라임 1개,
레몬주스 5㎖, 딜 5g, 케이퍼 5g, 소금, 후추

조리도구

칼, 도마, 볼

01. 생선은 가시를 제거하고 작은 큐브 모양으로 썬다. 망고는 큐브 모양으로 썬 것과 믹서에 갈아 만든 퓌레의 두 종류를 준비한다. 퓌레 대신 망고주스를 사용해도 좋다.

02. 큐브 모양으로 썬 생선은 올리브오일과 망고 퓌레, 잘게 으깬 케이퍼와 함께 섞고 레몬주스, 소금, 후추로 간한다.

03. 간한 흰살생선은 그릇에 모양을 잡아 올린다.

04. 모양을 잡아 올린 흰살생선 위에 큐브 모양으로 썬 망고와 파프리카 파우더를 올린다.

05. 라임 제스트를 뿌려 완성한다.

chef's tip
제스트 만드는 법

제스트란 오렌지나 레몬, 라임 등의 시트러스 계열 과일의 껍질 중에서도 색을 띠는 가장 바깥층을 말합니다. 보통 제스터 혹은 그레이터라고 불리는 도구를 이용해 껍질 부분만 갈아서 요리의 가니시로 사용합니다. 껍질의 가장 바깥층만 사용하며, 그 아래의 하얀 부분은 쓴맛이 나므로 섞이지 않게 주의하여 제스트를 만듭니다.

그레이터

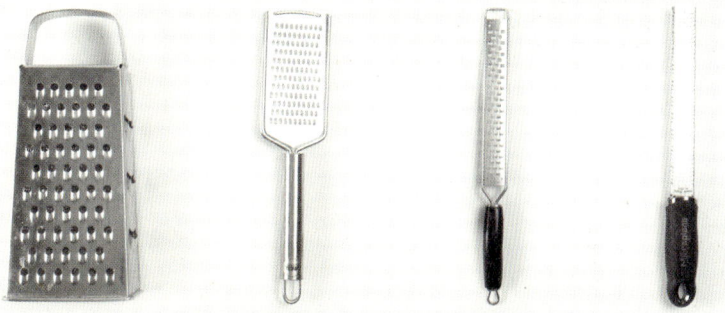

그레이터는 가느다란 것부터 굵은 것까지 다양하다. 제스트를 만들 때는 가장 가늘게 썰려 나오는 그레이터를 사용한다.

레몬 제스트

01. 그레이터 위에 레몬을 돌려가며 색이 있는 껍질층만 갈아낸다.

02. 제스트를 간 후 레몬 껍질의 모습. 하얀 부분이 함께 갈려나가지 않도록 주의한다.

라임 제스트

01. 그레이터 위에 라임을 돌려가며 색이 있는 껍질층만 갈아낸다.

02. 제스트를 간 후 라임 껍질의 모습. 하얀 부분이 함께 갈려나가지 않도록 주의한다.

모차렐라 치즈와 가지 호박 밀푀유
Millefeuille aux légumes

쉽게 만들 수 있는 카프레제 샐러드에 구운 채소를 더해서 즐길 수 있는 간단한 아뮈즈입니다.

■ 준비시간 20분 ■ 조리시간 5분 ■ 난이도 ★☆☆

조리재료 4인분

가지 1개, 애호박 1개, 방울토마토 1개, 모차렐라 치즈 500g, 올리브오일 10㎖, 바질 5g, 소금, 후추

조리도구

칼, 도마, 볼, 팬, 냄비, 오븐용 그릇

01. 모차렐라 치즈, 가지, 애호박, 방울토마토는 5mm 두께로 썬다.

02. 가지와 애호박, 방울토마토는 올리브오일과 소금, 후추로 간하여 팬에 굽는다. 토마토는 물이 많이 나오므로 가장 마지막에 넣는다. 마늘 슬라이스, 버터 등을 더해 익히면 풍미가 더욱 좋아진다.

아뮈즈

03. 팬에 구운 가지와 애호박, 방울토마토는 오븐용 그릇에 담아 올리브오일을 뿌린 후 160℃로 예열한 오븐에 5분간 익힌다.

04. 슬라이스한 모차렐라 치즈는 소금, 후추로 간하고 올리브오일을 바른 후 잘게 찢은 바질을 얹는다.

05. 접시 위에 오븐에서 구운 애호박을 올린다.

06. 애호박 위에 간하여 바질을 올린 모차렐라 치즈를 얹는다.

07. 모차렐라 치즈 위에 오븐에서 구운 가지를 얹고, 간하여 바질을 올린 모차렐라 치즈를 한 번 더 얹은 후 마지막으로 토마토를 올린다.

chef's advice

01. 애호박과 가지의 두께는 취향에 따라 조절할 수 있다. 5mm보다 얇게 슬라이스해서 200℃로 예열한 오븐에 약 5분간 구워도 좋다.

03-1. 오븐으로 조리 시 채소가 어느 정도 색이 나면 타지 않도록 쿠킹호일로 덮어 완전히 익힌다.

03-2. 오일에 오레가노 등의 허브를 섞거나, 채소 위에 파르메산 치즈를 뿌려도 좋다. 산도를 더하고 싶다면 마지막에 발사믹 비네거를 첨가한다.

08. 층층이 올린 밀푀유를 접시에 담아 어린잎 샐러드 등을 올려 완성한다. 파르메산 치즈를 뿌려 마무리해도 좋다.

크림치즈로 속을 채운 방울토마토
Tomate cerise farcie

허브와 셰리 비네거를 이용해 맛을 낸 크림치즈로 속을 채운 방울토마토를
단맛의 발사믹 리덕션과 함께 즐기는 아뮈즈입니다.

■ 준비시간 15분　■ 조리시간 5분　■ 난이도 ★☆☆

🔴 조리재료　4인분

방울토마토 10개, 발사믹 리덕션 100㎖, 크림치즈 200g, 우유 20㎖, 셰리 비네거 20㎖, 올리브오일 10㎖, 차이브 5g, 바질 5g, 드라이 오레가노 2g, 소금, 후추

🔴 조리도구

칼, 도마, 냄비, 짤주머니, 멜론 볼러(파리지앵 스푼)

01. 방울토마토는 끓는 물에 살짝 데쳐 찬물로 식힌 후 껍질을 제거한다.

02. 껍질을 벗긴 방울토마토는 꼭지가 있는 윗부분을 잘라낸다.

아뮤즈

03. 꼭지가 있는 윗부분을 잘라낸 방울토마토는 칼과 멜론 볼러(파리지앵 스푼)을 이용하여 속을 파낸다.

04. 크림치즈는 잘게 썬 차이브와 드라이 오레가노, 셰리 비네거, 소금, 후추를 섞어 간한다. 우유를 더해가며 농도를 맞춘다.

05. 허브를 넣고 간한 크림치즈를 짤주머니에 넣어 준비한다. (짤주머니 사용법은 159페이지 참조)

06. 속을 비운 방울토마토 안에 짤주머니에 담은 크림치즈를 채운다.

07. 접시 위에 크림치즈를 채운 방울토마토를 담고 발사믹 리덕션을 곁들여 완성한다. 크림치즈 위에 드라이 토마토, 차이브 찹 등을 더해도 좋다.

흰살생선 튀김과 타르타르 소스
Goujonnette de poisson, sauce tartare

타르타르 소스를 곁들인 대표적인 프랑스식 생선튀김으로,
튀김반죽에 흑임자를 넣어 고소함을 더한 아뮈즈입니다.

■ 준비시간 15분 ■ 조리시간 10분 ■ 난이도 ★☆☆

조리재료 4인분

흰살생선 200g, 밀가루(또는 튀김가루) 100g, 빵가루 50g, 라임 2개, 계란 2개,
마요네즈 20g, 케이퍼 10g, 코니숑 10g, 타바스코 소스 2㎖,
파프리카 파우더(또는 고운 고춧가루) 5g, 검은깨 10g, 소금, 후추

조리도구

칼, 도마, 볼, 튀김기

01. 흰살생선은 1cm 두께로 포를 뜨고 새끼손가락 길이로 잘라서 소금, 후추로 밑간한다.

02. 길게 썰어 밑간한 생선은 밀가루, 계란, 빵가루와 검은깨 순으로 튀김 옷을 입힌다.

03. 튀김 옷을 입힌 흰살생선은 180°C 기름에서 튀긴다. 이때 튀김기의 온도는 튀김가루를 넣어 2~3초 뒤에 튀김가루가 떠오르면 알맞다.

04. 마요네즈에 잘게 다진 케이퍼와 코니숑, 라임주스, 타바스코 소스를 섞어 타르타르 소스를 만든다. 소금, 후추로 간하고 기호에 따라 다진 할라피뇨를 넣어도 좋다.

05. 튀긴 생선을 접시에 담고 라임 제스트를 뿌린 후 소스와 곁들여 완성한다. 어린잎 샐러드를 곁들여도 좋다.

chef's tip
버터의 종류

시판 버터는 크게 소금을 넣지 않은 무염버터와 소금이 첨가된 가염버터가 있습니다. 요리를 할 때는 버터를 사용하기 적합한 형태로 가공하기도 하는데, 대표적으로 포마드 버터, 정제버터, 브라운 버터가 있습니다. 정제버터와 브라운 버터 만드는 법은 135페이지를 참조합니다.

무염버터
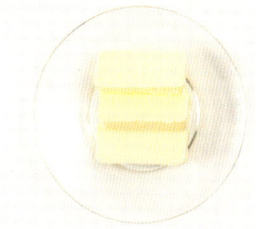
염분이 전혀 포함되지 않은 버터를 가리킨다. 일반적으로 빵을 굽거나 요리할 때 주로 사용한다. 보존제인 소금이 포함되지 않아 가염버터에 비해 상하기 쉽다.

가염버터

염분이 포함된 버터로, 소금이 보존제 역할을 하여 무염버터에 비해 오래 보관할 수 있으며, 풍미가 좋다.

포마드버터

약 20~30℃의 실온에 누어 말랑말랑한 상태로 만든 버터를 말한다. 질감이 부드러워 스프레드로 쓰거나 요리 등에 쉽게 섞어 쓸 수 있다.

정제버터

버터를 약불에서 녹여 순수한 유지방만을 남긴 버터를 말한다. 발화섬이 높아 고기를 구울 때 오일 대신 사용할 수도 있다.

브라운버터

버터를 살짝 태워 갈색빛이 도는 상태를 말하며, 헤이즐넛과 흡사한 향이 나기에 뵈르 누아제트라고 한다. 요리에 풍미를 더하고 싶을 때 사용한다.

Potage
수프

포타주는 프랑스어로 수프를 의미합니다.
프랑스의 수프는 맑은 수프인 콩소메와 걸쭉한 포타주 등 다양한 종류가 있지만
이 책에서는 비교적 가정에서 쉽게 만들 수 있는 수프 종류만을 다루었습니다.
대표적인 프렌치 수프로는 양파의 단맛을 이용하여 만드는 양파수프,
감자로 만드는 차가운 수프인 비시수아즈, 크림을 넣어 부드러운 식감을 한껏 살린
벨루테 등이 있습니다. 수프를 낼 때는 식감을 살리기 위해
바삭한 크루통이나 작은 큐브 형태로 썬 치즈 등을 곁들이기도 합니다.

양파수프
Soupe à l'oignon

버섯 벨루테
Velouté de champignons

토마토 가스파초
Gaspacho tomate

비시수아즈
Vichyssoise

부야베스
Bouillabaisse

펜넬 크림수프와 바지락
Velouté de fenouil, coque

단호박 수프
Soupe de potiron

양파수프
Soupe à l'oignon

프랑스 요리의 영혼으로 불리는 양파수프는 18세기부터 먹어왔습니다.
카라멜라이즈된 양파와 비프 스톡을 이용해 만드는 양파수프의 맛은 잘 볶은 양파에서 나오며
그 맛을 내기 위해 오랜 시간 정성들여 양파를 볶아야 합니다.
이 책에서는 비프 스톡 대신 치킨 스톡을 사용하여 부드러운 맛을 살려 보았습니다.
잘 우려낸 스톡과 크루통, 그뤼에르 치즈가 어우러져 단맛과 짠맛이 적절한 조화를 이루는 프랑스의 대표 수프입니다.

■ 준비시간 20분 ■ 조리시간 30분 ■ 난이도 ★☆☆

조리재료 4인분

양파 1kg, 치킨 스톡 1.5ℓ, 바게트 1개, 버터 100g, 그뤼에르 치즈 200g,
코냑 10㎖, 올리브오일 10㎖, 발사믹 리덕션 10㎖,
월계수잎 1장, 타임 5g, 파슬리 5g, 소금, 후추

조리도구

칼, 도마, 냄비

01. 양파는 채 썬다. 이때 양파를 너무 얇게 썰지 않도록 주의한다.

02. 달군 냄비에 올리브오일을 두르고 채 썬 양파를 넣은 후 센 불에 갈색이 나도록 볶는다.

03. 양파에 색이 나기 시작하면 버터를 넣고 완전히 갈색이 나도록 볶는다.

04. 양파가 진한 갈색이 되면 코냑을 넣고 플람베한다. 코냑이 없다면 단맛이 강한 레드 와인을 사용해도 좋다.

05. 잘 볶은 양파에 치킨 스톡을 붓고 발사믹 리덕션을 넣어 약불에 천천히 끓인다.

06. 바게트는 슬라이스하여 버터를 두른 팬에 굽는다.

07. 완성된 수프를 그릇에 담고 구운 바게트와 그리에르 치즈를 갈아서 올린 후 200℃로 예열한 오븐에 치즈가 충분히 녹을 때까지 가열한다.

 chef's advice

03. 양파가 타지 않도록 중불에 중간중간 저어가면서 조리한다. 양파가 타면 쓴맛이 강해지면서 치즈의 짠맛과 양파의 단맛을 방해한다.

08. 치즈가 다 녹으면 오븐에서 수프를 꺼내 파슬리 찹을 얹어 완성한다.

버섯 벨루테
Velouté de champignons

여러 가지 버섯을 이용해서 진한 버섯 향을 느낄 수 있는 수프.
팬에 조리한 버섯에 스톡과 크림을 넣어 버섯 특유의 섬세한 맛과 크리미한 식감을 즐길 수 있습니다.
특히 표고버섯이 많이 들어갈수록 버섯 향이 진하게 우러나옵니다.

■ 준비시간 20분　■ 조리시간 30분　■ 난이도 ★☆☆

🔴 조리재료　● 4인분

양송이버섯 200g, 표고버섯 200g, 만가닥버섯 100g, 황금송이버섯 50g, 치킨스톡 200㎖, 생크림 500㎖, 우유 500㎖, 카놀라유 10㎖, 차이브 5g, 피클링 스파이스, 소금, 후추

가니시 바게트 2조각, 베이컨 1장

🔴 조리도구

칼, 도마, 냄비, 팬, 믹서

01. 버섯은 일정한 크기로 썬다.

02. 크루통을 만들 바게트는 큐브 모양으로 자르고, 황금송이버섯은 피클링 스파이스에 약 10분간 담가 피클을 만든다. (피클링 스파이스 만드는 법은 153페이지 참조)

03. 오일을 두르고 달군 팬에 버섯을 넣고 충분히 색이 나게 볶는다. 버섯에 색이 나기 시작하면 버터를 넣고 충분히 볶는다.

04. 버섯이 다 익으면 치킨 스톡을 붓고 졸인다.

05. 큐브 모양으로 자른 바게트는 카놀라유를 두른 팬에 볶아 크루통을 만든다. 마지막에 버터를 첨가해 색을 낸다.

06. 플레이팅에 사용할 만가닥버섯은 식감을 살리기 위해 센 불에 살짝만 볶는다.

07. 치킨 스톡을 붓고 졸인 버섯을 믹서로 곱게 갈아 퓌레를 만든다. 치킨 스톡을 더해가며 농도를 조절한다.

08. 버섯 퓌레에 생크림과 우유를 1:1의 비율로 섞고 중불에 살짝 끓여 수프를 만든다.

09. 접시 위에 센 불에 볶은 만가닥 버섯을 깔고 버섯 수프를 붓는다. 크루통과 차이브 찹을 올려 완성한다.

 chef's advice

08. 벨루테를 만들 때는 보통 생크림을 넣지만 우유와 1:1 비율로 섞어서 사용하면 농도를 맞추기 쉽고 더 부드러운 맛을 낼 수 있다.

토마토 가스파초
Gaspacho tomate

가스파초는 여름 음식을 대표하는 차가운 수프로, 토마토와 오이, 피망 등을 갈아서 차갑게 식혀 먹는 수프입니다.
주로 스페인 안달루시아 지방에서 즐겨 먹으며 가스파초 안달루스라 불리기도 합니다.
요즘은 토마토 외에도 수박, 멜론, 참외 등 다양한 재료를 응용해 즐기기도 합니다.

■ 준비시간 **24시간** ■ 조리시간 **20분** ■ 난이도 ★☆☆

1day

조리재료 4인분

방울토마토 2kg, 오이 2개, 파프리카 2개, 올리브오일 500㎖, 셰리 비네거 20㎖, 바질 5g, 소금, 후추

가니시 방울토마토 20g, 애호박 1개, 망고 1개, 새우(중하) 4마리, 페타 치즈 20g

조리도구

칼, 도마, 볼, 믹서

01. 오이는 껍질을 벗기고 적당한 크기로 썬다. 바질은 잘게 썰고 망고는 먹기 좋은 크기로 썬다. 방울토마토는 살짝 데쳐서 세로로 4등분하고, 파프리카도 적당한 크기로 썬다.

02. 먹기 좋게 썬 토마토와 오이, 바질, 망고, 파프리카는 소금과 후추로 간하여 올리브오일에 3시간가량 마리네이드한다.

수프

03. 마리네이드한 채소를 믹서에 간 후 소금과 셰리 비네거로 간한다.

가니시

04. 새우는 끓는 물에 데친다.

05. 페타 치즈는 한입 크기의 큐브 모양으로 썬다.

06. 오이는 반달 모양으로 썰어 씨 부분을 파내고, 애호박은 껍질 부분만 가늘게 채 썬다. 방울토마토는 4등분하여 씨를 제거하고, 망고는 큐브 모양으로 썰어 준비한다.

07. 접시 위에 큐브 모양으로 썬 페타 치즈와 오이와 애호박, 방울토마토와 망고, 데친 새우를 깐다.

08. 플레이팅을 마친 가니시 위에 가스파초를 부어 완성한다.

chef's advice

01. 파프리카는 토치로 그을리면 향과 맛이 더욱 강해진다. (파프리카 손질법은 127페이지 참조)

02. 취향에 따라 오레가노나 케첩과 타바스코 소스를 더하면 가스파초의 풍미를 더욱 살릴 수 있다. 케첩은 가스파초에 단맛을 더해준다.

04. 새우를 데칠 때 양파와 레몬을 썰어 넣으면 맛이 깔끔해진다.

비시수아즈
Vichyssoise

비시수아즈란 이름은 수프를 만든 요리사 인루이디아(LouisDiat)가 프랑스 비시(Vichy) 출신이라는 데서 유래한 것으로, 감자와 크림을 넣어 차게 식혀 만들어 먹는 수프입니다.

■ 준비시간 20분　■ 조리시간 30분　■ 난이도 ★☆☆

조리재료　4인분

감자 500g, 생크림 1ℓ, 우유 1ℓ, 치킨 스톡 500㎖, 버터 50g, 대파 200g, 양파 1개, 올리브오일 20㎖, 소금, 후추

가니시 감자 50g, 굴 4개, 바게트 3조각

조리도구

칼, 도마, 냄비, 믹서

01. 감자는 껍질을 벗겨 적당한 크기로 썰고, 대파와 양파는 잘게 썬다.

02. 올리브오일을 두른 냄비에 잘게 썬 양파와 대파를 넣고 중불에 색이 나지 않게 익힌다.

수프　69

03. 양파가 투명해지면 감자를 넣고 치킨 스톡을 부은 후 뚜껑을 닫고 중불에 30분 정도 끓인다.

04. 치킨 스톡을 부어 끓인 감자에 생크림과 우유를 붓고 한번 더 끓인다.

05. 감자가 완전히 익으면 건져내 믹서로 갈아 퓌레를 만든다. 생크림과 우유 농도를 조절하여 수프를 만들고 소금, 후추로 간한다.

chef's advice

05. 생크림만 사용하면 농도가 걸쭉해지면서 맛이 무거워지므로 우유와 크림을 함께 사용한다.

가니시

06. 감자는 가늘게 채 썰어 150~160℃에서 튀겨 감자튀김을 만든다.

07. 굴은 껍데기를 벗기고 흐르는 물에 깨끗이 씻는다. (굴 껍데기 까는 법은 103페이지 참조)

08. 수프를 냉장고에 넣어 차게 식힌 후 그릇에 담는다. 생굴을 올리고 감자튀김을 얹어 완성한다.

부야베스
Bouillabaisse

프랑스 남부 마르세유에서 시작된 요리로, 어부들이 팔고 남은 생선을 모두 함께 넣고 끓여 먹는 것에서 유래하였습니다. 현재는 바닷가재나 새우 등 해산물 등을 넣어 만든 고급스러운 부야베스부터 어부들이 즐겨 먹던 전통 방식의 부야베스까지 다양한 조리법이 있습니다.

■ **준비시간** 40분　■ **조리시간** 60분　■ **난이도** ★☆☆

조리재료　4인분

생선(등푸른생선 제외) 2kg, 조개(홍합, 가리비, 바지락 등) 500g, 갑각류(새우, 바닷가재 등) 500g, 오징어 1마리, 비스크 스톡 2ℓ, 토마토 3개, 양파 1개, 파 1개, 셀러리 1단, 파프리카 1개, 펜넬 1개, 월계수잎 1장, 소금, 후추

조리도구

칼, 도마, 필러, 냄비, 팬, 고운 체

01. 준비한 해산물을 미리 데친다. 바닷가재의 몸통은 4분, 집게는 7분 정도 삶아 익힌다. 생선은 팬에 구워 바삭한 식감을 살린다.

02. 손질하고 남은 새우, 바닷가재의 머리, 조개와 홍합은 버터에 한번 볶는다. 비스크 스톡(만드는 법은 284페이지 참조)을 부어 한번 더 끓여 진하게 맛을 우려내 부야베스를 만든다.

03. 파프리카는 필러로 껍질을 벗기고 씨를 제거한다.

04. 손질한 파프리카는 큐브 모양으로 작게 썬다.

05. 큐브 모양으로 썬 파프리카는 오일을 두른 팬에 한번 살짝 볶는다. 이때 색이 나지 않도록 중불에 천천히 익힌다.

06. 접시에 팬에 익힌 파프리카를 깔고 미리 삶아둔 바닷가재 몸통을 올린다.

07. 삶은 바닷가재 집게와 데친 새우, 바삭하게 구운 생선 등 준비한 해산물 재료를 그 위에 올린다.

08. 2번의 부야베스를 고운 체에 걸러 해산물 재료를 올린 접시에 부어 완성한다.

 chef's advice

01-1. 해산물을 데칠 때는 레몬, 펜넬, 대파, 셀러리, 당근, 마늘, 통후추, 펜넬 시드를 넣고 물을 부어 만든 쿠르부용(court bouillon)을 사용하면 좋다..

01-2. 생선은 잡어 등 작은 크기의 생선이 좋다.

펜넬 크림수프와 바지락
Velouté de fenouil, coque

펜넬은 우리에게는 조금 생소한 채소로 독특한 향을 가지고 있는데 주로 생선, 조개 등과 잘 어울립니다. 바지락을 넣어 펜넬 고유의 향과 맛을 살려 조리하는 요리입니다.

■ 준비시간 20분 ■ 조리시간 30분 ■ 난이도 ★☆☆

조리재료 4인분

펜넬 1kg, 치킨 스톡 1ℓ, 우유 500㎖, 생크림 500㎖, 양파 2개, 버터 20g, 화이트 와인 20㎖, 소금, 후추

가니시 오렌지 1개, 바게트 1/2개, 바지락 200g

조리도구

칼, 도마, 냄비, 믹서

01. 펜넬과 양파는 잘게 썬다.

02. 버터를 넣은 냄비에 양파를 볶는다. 양파가 투명해지면 펜넬과 화이트 와인을 넣고 한번 더 볶는다.

03. 펜넬이 익기 시작하면 치킨 스톡을 붓고 졸인다.

04. 치킨 스톡이 졸아들면 생크림과 우유를 넣고 중불에 30분 정도 끓인다.

05. 펜넬이 다 익으면 건져내 믹서에 간다. 이때 펜넬을 넣고 끓인 크림을 버리지 말고 남겨두었다가 수프의 농도를 조절할 때 조금씩 넣는다.

06. 냄비에 바지락을 넣고 익힌다. 바지락이 입을 벌리기 시작하면 화이트 와인을 넣고 뚜껑을 덮은 후 완전히 익힌다.

07. 오렌지는 필러 등으로 껍질만 얇게 벗겨 채 썰어 필을 만든다. 바게트는 큐브 모양으로 썰어 크루통을 만든다.

08. 큐브 모양으로 썬 바게트는 오일을 두른 팬에 색이 나도록 볶아 크루통을 만든다.

09. 완전히 익은 바지락은 한쪽 껍데기를 제거하여 접시에 담고 수프를 붓는다. 펜넬 잎과 잘게 채 썬 오렌지 필을 올리고 올리브오일을 뿌려 완성한다.

chef's advice

02. 펜넬은 흰색 채소이므로 조리 시 중불에 조리하며 색이 나지 않도록 자주 저어주면서 익힌다.

05. 펜넬을 믹서로 갈 때 6번 과정에서 나온 바지락 육수를 함께 넣어도 좋다.

단호박 수프
Soupe de potiron

달콤한 단호박에 생크림을 더해 크리미하고 리치한 단호박의 풍미를 느낄 수 있는 수프로, 함께 곁들이는 아몬드와 크루통, 베이컨 등으로 고소함과 식감을 잘 살린 수프입니다.

■ 준비시간 20분　■ 조리시간 30분　■ 난이도 ★☆☆

조리재료　4인분

단호박 1개, 치킨 스톡 500㎖, 통 베이컨 50g, 샬롯 2개, 생크림 200㎖, 소금, 후추

가니시 식빵 2조각, 아몬드 슬라이스 5g, 헤이즐넛 오일 2g

조리도구

칼, 도마, 냄비, 팬, 믹서

01. 단호박은 반을 갈라 속을 파내고 껍질을 벗겨 적당한 크기로 썬다.

02. 올리브오일을 두른 냄비에 단호박을 넣고 중불에 익힌다. 단호박이 눌어붙으면 치킨 스톡을 조금씩 부어가며 젓는다.

수프　81

03. 단호박이 익으면 치킨 스톡과 우유를 붓는다. 스톡과 우유는 1:1 비율로 섞어 호박이 잠길 정도로 붓는다.

04. 단호박이 뭉그러질 정도로 푹 익으면 건져내 믹서로 갈아 퓌레를 만든다. 이때 단호박을 넣고 끓인 크림은 버리지 말고 남겨두었다가 믹서로 갈면서 조금씩 섞어가며 농도를 조절한다.

05. 퓌레에 치킨 스톡과 생크림, 우유를 붓고 한번 더 끓여 수프를 만든다. 치킨 스톡 대신 채소 스톡을 사용해도 좋다.

가니시

06. 달군 팬에 오일을 두르고 베이컨을 바삭하게 굽는다. 베이컨이 바삭하게 익으면 잘게 채 썬다.

07. 바게트는 큐브 모양으로 썰어 오일을 두른 팬에 색이 나도록 볶아 크루통을 만든다.

08. 접시에 수프를 붓고 채 썬 베이컨과 아몬드 슬라이스, 헤이즐넛 오일과 크루통을 올려 완성한다. 딜 등의 허브를 올려도 좋다.

Entrée
전채

고전적인 프렌치 코스에서는 오르되브르(hors-d'œuvre)라고도 부르며,
영어로는 애피타이저(Appetizer)라고 합니다.
본식이 시작되기 전에 먹는 전채 요리를 의미하는 것으로, 고기나 생선, 계란, 채소 등
재료를 가리지 않으며, 따뜻한 요리부터 차가운 요리까지 종류가 다양합니다.

새우 토마토 밀푀유
Millefeuille aux tomate avocat

토마토 타르트
Bruschetta tomate

아스파라거스와 요거트 소스
Poche asperge verte, olive noir, sauce yaourt

팬프라이한 문어구이와 감자
Poulpe rôti, pomme de terre

굴요리 3종
Les huîtres

소고기 타르타르와 감자튀김
Tartare de bœuf

흰살생선 브랑다드
Brandade de poisson

감자, 대파 퓌레와 수란,
베이컨, 파르메산 치즈
Œuf poché, purée de pomme de terre, bacon

리옹식 샐러드
Salade lyonnaise

니스식 샐러드
Salade niçoise

사프란이 들어간 프로방스풍 홍합찜
Moule provençale de safran

부르고뉴식 파슬리 마늘버터 달팽이 그라탱
Escargot de Bourgogne

새우 토마토 밀푀유
Millefeuille aux tomate avocat

새우와 마요네즈를 이용한 전통적 궁합의 차가운 전채입니다.
칵테일 소스를 곁들인 채소와 담백한 감자, 토마토의 산도와 당도를 함께 즐길 수 있습니다.

■ 준비시간 30분　■ 조리시간 30분　■ 난이도 ★☆☆

조리재료　4인분

새우 800g, 발사믹 비네거(또는 화이트 비네거) 50㎖, 방울토마토 15개, 감자 200g, 아스파라거스 2개, 당근 1개, 양파 1개, 아보카도 1개, 올리브오일 100㎖, 마요네즈 50g, 레몬주스 5㎖, 케첩 5㎖, 타바스코 소스 2㎖, 소금, 후추

가니시 어린잎 샐러드 20g

조리도구

칼, 도마, 볼, 냄비

01. 소금물에 감자를 삶는다. 이때 통마늘, 통후추, 오레가노 등의 향신료를 함께 넣으면 더욱 좋다.

02. 새우는 삶아서 잘게 썰고, 아스파라거스와 당근, 양파도 잘게 썬다.

전채　87

03. 잘게 썬 새우와 아스파라거스, 당근, 양파는 마요네즈, 케첩, 타바스코 소스, 레몬주스, 소금, 후추로 간하여 섞는다.

04. 익힌 감자는 5mm 두께로 썰어서 식힌 후 몰드를 이용해 원 모양으로 자른다. 방울토마토는 슬라이스하여 올리브오일, 소금, 후추로 간한다. 아보카도는 으깬 뒤 레몬주스와 타바스코를 넣어 구아카몰레를 만든다.

05. 접시 위에 몰드를 올려 자리를 잡는다.

06. 마요네즈에 버무린 채소를 바닥에 깔고, 발사믹 비네거, 소금, 후추로 간한 감자를 올린다.

07. 감자 위에 구아카몰레와 슬라이스한 방울토마토를 올린다.

chef's advice

04. 아보카도는 껍질까지 다 벗겨내고 검은 부분까지 모두 제거해야 선명한 녹색의 구아카몰레를 만들 수 있다. (아보카도 손질법은 33페이지 참조)

08. 몰드를 빼내고 어린잎 샐러드를 올려 완성한다. 발사믹 리덕션을 곁들여도 좋다.

토마토 타르트
Bruschetta tomate

통호밀빵 위에 부드러운 모차렐라 치즈와 프레시 토마토, 오븐에 살짝 익히거나 오일에 콩피한 토마토 콩피,
블랙 올리브, 파르메산 치즈 등을 올려 먹는 전채 요리로,
모차렐라 치즈와 다양한 방식으로 조리한 토마토가 잘 어울리는 요리입니다.
빵은 취향에 따라 바게트 등의 다른 빵을 사용해도 좋습니다.

■ 준비시간 20분   ■ 조리시간 10분   ■ 난이도 ★☆☆

조리재료   4인분

컬러 방울토마토 500g, 토마토 4개, 모차렐라 치즈 200g,
통호밀빵(또는 바게트) 60g, 파르메산 치즈 50g, 발사믹오일 20㎖,
올리브오일 20㎖, 마늘 2쪽, 블랙 올리브 10g, 바질 5g, 소금, 후추

조리도구

칼, 도마, 볼, 냄비, 믹서

01. 컬러 방울토마토는 끓는 물에 데쳐 껍질을 벗긴다.

02. 껍질을 벗긴 컬러 방울토마토와 블랙 올리브를 슬라이스한다.

03. 토마토도 끓는 물에 데쳐 껍질을 벗기고 4등분하여 안쪽 씨를 제거한다.

04. 씨를 제거한 토마토는 올리브오일, 마늘, 소금, 후추로 간하고 90℃로 예열한 오븐에 약 30분간 콩피한다.

05. 오븐에 콩피한 토마토가 다 익으면 발사믹오일, 올리브오일을 섞고 잘게 썬 바질, 소금, 후추로 간하여 약 5분간 마리네이드한다.

06. 빨간 방울토마토는 60℃로 데운 올리브오일에 약 15분간 콩피한다.

07. 모차렐라 치즈는 소금, 후추로 간하고 믹서로 간다. 올리브오일을 살짝 넣고 우유를 더해 농도를 조절한다. 치즈는 갈지 않고 썰어서 올려도 좋다.

08. 호밀빵은 가로 방향으로 약 1.5cm 두께로 썰어 토스트한다.

09. 잘 구워진 호밀빵 위에 모차렐라 치즈와 프레시 컬러 방울토마토, 종류별로 콩피한 토마토를 골고루 올린다. 파르메산 치즈와 발사믹오일을 뿌려 마무리한다.

chef's advice

06. 콩피할 때 샬롯을 1개 정도 다져 넣어도 좋다.

07. 크리미한 치즈의 풍미를 느끼고 싶다면 모차렐라 치즈 대신 부라타 치즈를 사용해도 좋다.

08. 갓 구워 부드러운 빵은 냉동실에 넣어 겉을 살짝 굳히면 쉽게 썰린다.

09. 토마토 타르트에 시판 바질 페스토 등을 곁들여도 좋다.

전채

아스파라거스와 요거트 소스
Poche asperge verte, olive noir, sauce yaourt

레몬 올리브오일에 마리네이드한 아스파라거스에 블랙 올리브와 베이컨 칩, 요거트 소스를 곁들인 상큼한 전채요리입니다.

■ 준비시간 20분   ■ 조리시간 10분   ■ 난이도 ★☆☆

● 조리재료 ●   4인분

아스파라거스 1단, 플레인 요거트 200g, 파르메산 치즈 50g, 올리브오일 50㎖,
블랙 올리브 20g, 베이컨 3장, 레몬주스 20㎖, 발사믹 비네거 20㎖,
소금, 후추

가니시 어린잎 샐러드 10g

● 조리도구 ●

칼, 도마, 필러, 볼, 냄비, 팬

01. 아스파라거스는 플레이팅할 접시 크기에 맞춰 자른 후 줄기 아랫부분의 껍질을 필러로 벗긴다.

02. 손질한 아스파라거스를 소금물에 살짝 데친다.

전채

03. 베이컨은 팬에 양면이 바삭해질 때까지 구운 후 쿠킹페이퍼로 기름을 제거한다.

04. 바삭하게 구운 베이컨은 잘게 썰고, 블랙 올리브는 얇게 슬라이스한다.

05. 플레인 요거트는 소금, 후추, 발사믹 비네거로 간하여 소스를 만든다.

06. 손질한 아스파라거스는 소금, 후추로 간하고, 표면에 3:1의 비율로 섞은 레몬주스와 올리브오일을 바른다. 신맛을 강조하고 싶다면 레몬주스를 더 넣는다.

07. 접시 위에 간한 아스파라거스를 담고 요거트 소스를 뿌려 완성한다.

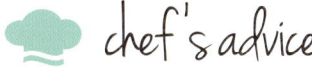
chef's advice

02. 아스파라거스 등의 녹색 채소는 끓는 물에 데친 후 바로 찬물에 식혀야 색이 변하지 않는다.

06. 레몬주스는 오렌지주스로 대체해도 좋다.

07. 토마토나 어린잎 샐러드를 플레이팅에 사용해도 좋다.

팬프라이한 문어구이와 감자
Poulpe rôti, pomme de terree

셰리 비네거를 넣은 부용에 저온으로 부드럽게 삶은 문어를 다시 한 번 버터로 팬프라이하여 풍미를 살린 문어요리입니다.

■ **준비시간** 20분　■ **조리시간** 60분　■ **난이도** ★☆☆

● **조리재료**　● **4인분**

문어 1마리, 셀러리 600g, 양파 1/2개, 셰리 비네거 300㎖, 올리브오일 50㎖, 컬러 방울토마토 100g, 버터 20g, 소금, 후추

가니시 감자 200g, 샬롯 2개, 잠봉 2장, 파프리카(또는 피망) 1개, 어린잎 샐러드 200g, 발사믹 비네거 50㎖, 블랙 올리브 20g, 파르메산 치즈 20g, 차이브 5g

● **조리도구**

칼, 도마, 냄비, 팬

01. 냄비에 물 3ℓ와 채 썬 양파, 큼직하게 썬 셀러리 줄기, 셰리 비네거를 넣고 한번 끓여 셰리 비네거 부용을 만든다.

02. 셰리 비네거 부용이 끓기 시작하면 중불로 낮춘 후 손질한 문어를 넣고 40분 정도 삶는다.

03. 문어가 다 익으면 다리 부분을 썰어 버터를 두른 팬에 팬프라이한다.

04. 녹은 버터를 문어 위에 끼얹어가며 아로제하면서 겉을 바삭하게 익힌다.

> 가니시

05. 감자는 소금과 후추를 넣은 물에 삶는다.

06. 잠봉은 오일을 살짝 두른 팬에 팬프라이한다.

07. 삶은 감자는 슬라이스하여 몰드로 찍어 먹기 좋은 크기로 자르고, 팬프라이한 잠봉과 차이브는 잘게 썬다.

08. 컬러 방울토마토, 블랙 올리브, 피망, 샬롯은 2~3mm 정도의 큐브 모양으로 자르고, 셀러리는 슬라이스한다.

09. 올리브오일에 발사믹 비네거, 차이브 찹을 섞고 소금, 후추로 간한 오일에 8번의 잘게 썬 채소를 넣어 비에주 소스(294페이지 참조)를 만든다.

10. 몰드로 자른 감자 위에 잘게 썬 잠봉을 올린다.

11. 잠봉 사이사이에 차이브 찹을 함께 올린다.

12. 접시 위에 차이브 찹과 잘게 썬 잠봉을 올린 감자를 올려 자리를 잡는다.

chef's advice

02. 남은 문어는 삶을 때 사용한 셰리 비네거 부용에 담가서 보관하면 표면이 마르지 않는다.

13. 접시에 문어를 깔고 마리네이드한 채소를 올린 후 얇게 슬라이스한 파르메산 치즈를 올려 완성한다. 팬프라이한 잠봉을 감자 위에 꽂아 악센트를 준다.

chef's tip
굴 껍데기 까는 법

껍데기를 까기 전 굴 껍데기 표면의 이물질을 깨끗이 제거합니다.
굴 껍데기를 깔 때 사용하는 전용 나이프가 없다면 날이 짧은 칼을 사용할 수도 있습니다.
굴 손질 시에는 칼이 미끄러질 수 있으므로, 굴을 잡은 손에는 반드시 수건을 대고 손질합니다.

● 나이프 사용법 ●

01. 껍데기 틈 사이로 칼날을 끼운다. 이때 굴을 쥔 손에 헝겊 등을 받쳐 손을 보호한다.

02. 칼날을 비틀어 굴 껍데기를 연다.

03. 껍데기를 깐 굴의 모습

chef's tip
감자 삶는 법

감자는 기본적으로 소금물에 삶습니다.
이 때 통후추, 통마늘, 월계수잎, 타임, 오레가노 등의 향신료를 더하면 요리의 풍미가 더욱 살아납니다.

● 감자 삶는 법 ●

01. 냄비에 감자가 잠길 정도로 물을 붓고, 소금과 통후추, 허브 등의 향신료를 넣은 후 감자가 충분히 익도록 삶는다.

굴요리 3종
Les huîtres

세 가지 맛과 세 가지 조리법으로 즐길 수 있는 굴요리.
산뜻하게 맛보는 정통 프랑스식 스타일 굴요리와 비트와 사과 젤리를 곁들인 굴요리,
커리를 섞은 굴 그라탱의 3종 굴요리입니다.

■ 준비시간 10분　■ 조리시간 20분　■ 난이도 ★☆☆

🔴 조리재료 🔴　4인분

굴 12개, 샬롯(또는 양파) 2개(1/2개), 비트 1개, 사과 주스 50㎖,
와인 비네거 50㎖, 생크림 20㎖, 화이트 와인 20㎖, 대파 10g, 버터 10g,
커리가루 10g, 젤라틴 2장, 파슬리 20g, 피클링 스파이스, 소금, 후추

🔴 조리도구 🔴

칼, 도마, 볼, 냄비, 토치

01. 굴 껍데기를 깐다. (굴 껍데기 까는 법은 103페이지 참조)

02. 껍데기를 깐 굴을 흐르는 물에 깨끗이 씻는다. 껍데기도 깨끗하게 씻어서 플레이팅에 사용한다.

전채　105

가니시- 사과 젤리

03. 젤라틴을 찬물에 약 1분간 담가 불린 뒤 물기를 짜낸다.

04. 사과 주스를 80℃ 정도로 가열하여 3번의 젤라틴을 넣고 실리콘 주걱 등으로 천천히 녹인다. 젤라틴이 다 녹으면 냉장고에 넣어 식힌다.

05. 비트는 슬라이스하여 적당한 크기로 자른 후 피클링한다. (피클링 스파이스 만드는 법은 153페이지 참조)

가니시- 레드 와인 비네거

06. 샬롯은 잘게 썰고 와인 비네거와 섞은 후 소금, 후추로 간한다.

가니시- 커리를 섞은 굴그라탱

07. 팬에 올리브오일을 두르고 대파를 중불에 색이 나지 않도록 볶는다. 파가 투명해지면 화이트 와인으로 데글라세한다.

08. 생크림과 커리가루를 넣고 진득해질 때까지 졸인다. 소금, 후추로 간한다.

09. 굴 위에 크림을 올리고 토치로 그을려 색을 낸다. 오븐에 구워도 좋다.

10. 큼직한 그릇에 굵은 소금을 깔고 해초 샐러드 등으로 장식한 후 깨끗하게 씻은 굴 껍데기를 올려 자리를 잡는다.

11. 토치로 그을린 굴은 자리에 알맞게 올리고, 나머지 두 껍데기에는 깨끗하게 씻은 굴을 얹는다. 하나는 사과 주스 젤리와 피클링한 비트를 얹고, 다른 하나는 와인 비네거를 뿌리고 파슬리 칩을 올려 완성한다.

전채　107

소고기 타르타르와 감자튀김
Tartare de bœuf

익히지 않은 소고기를 마요네즈, 케첩, 양파, 케이퍼 등의 채소와 함께 섞어서 먹는 프랑스식 육회입니다.
지방이 없는 소엉덩이, 뒷다리 등 살코기 부위를 사용하며
겉만 살짝 익혀 먹는 알레르투르 Aller Retour 방식으로도 먹습니다.
코니숑과 감자튀김을 곁들이면 잘 어울리며, 간장 소스를 이용하는 한국식 육회와는 또 다른 맛을 느낄 수 있습니다.

■ 준비시간 10분 ■ 조리시간 10분 ■ 난이도 ★☆☆

조리재료 • 4인분

소고기(안심 또는 우둔살, 홍두깨살) 1kg, 양파 20g, 메추리알 4개, 코니숑 15g, 케이퍼 10g, 케첩 50g, 마요네즈 30g, 타바스코 소스 2㎖, 차이브(또는 파슬리) 5g, 우스터 소스 5g, 셰리 비네거 2g, 소금, 후추

가니시 감자튀김 500g

조리도구

칼, 도마, 볼, 튀김기

01. 소고기는 힘줄과 지방을 깨끗이 제거하고 칼을 이용하여 3mm 두께로 잘게 썬다.

02. 양파, 코니숑, 케이퍼, 차이브도 잘게 다진다.

03. 잘게 썬 소고기와 2번의 재료를 볼에 넣고 마요네즈, 케첩, 타바스코 소스, 우스터 소스, 셰리 비네거를 넣는다. 소금, 후추로 간한다.

04. 잘게 썬 소고기와 다진 채소, 소스를 섞는다.

05. 접시 위에 몰드로 자리를 잡고 잘 섞은 고기를 넣어 모양을 잡는다.

 chef's advice

03. 고기에 양념을 할 때는 마요네즈와 케첩을 쓰는 것이 일반적이며. 취향에 따라 디종 머스터드 소스를 추가하기도 한다. 담백하게 즐기려면 올리브오일로만 간해도 좋다.

 가니시

07. 감자튀김은 튀김기에 튀겨 소금으로 간한다.

07. 모양을 잡은 고기 위에 메추리알 모양에 맞게 홈을 파고 메추리알 노른자를 올린다. 감자튀김을 곁들이고, 바게트나 파르메산 치즈를 더해도 좋다.

흰살생선 브랑다드
Brandade de poisson

브랑다드는 생크림이나 우유에 삶아 익힌 생선살과 익힌 감자를 고루 섞어서 먹는 생선요리로,
부드럽고 크리미한 텍스처가 일품입니다.
주로 대구를 사용하지만 연어나 숭어 등 다양한 생선을 사용해 만들기도 합니다.

■ 준비시간 20분 ■ 조리시간 30분 ■ 난이도 ★☆☆

🔴 조리재료 4인분

흰살생선 800g, 감자 2개, 우유 1ℓ, 생크림 1ℓ, 치킨 스톡 100㎖, 올리브오일 20㎖, 차이브 10g, 월계수잎 1장, 마늘 1쪽, 펜넬 시드 2g, 소금, 후추

가니시 라타투유 100g, 파프리카 50g, 어린잎 샐러드 20g, 토마토소스 10g

🔴 조리도구

칼, 도마, 볼, 냄비

01. 냄비에 흰살생선을 넣고 생선이 잠길 정도로 우유와 생크림을 1:1 비율로 붓는다. 이때 마늘, 월계수잎, 펜넬 시드를 함께 넣는다. 끓여서 거품이 올라오면 중불로 낮춰 천천히 삶는다.

02. 감자는 껍질을 벗기고 찬물에 담가 전분기를 제거한다.

03. 생선이 다 익으면 건져내고, 냄비에 남은 육수에 전분기를 제거한 감자를 넣어 중불에 천천히 삶는다.

04. 다 익은 감자와 생선살은 포크를 이용해서 각각 잘게 부순다.

05. 감자와 생선살을 1:2의 비율로 섞고, 차이브를 잘게 다져서 넣은 후 소금, 후추, 올리브오일로 간한다.

06. 접시 위에 몰드로 자리를 잡고, 잘 섞은 감자와 생선살을 넣어 채운다. 가니시인 라타투유도 접시에 함께 올린다. (라타투유 만드는 법은 242페이지 참조)

chef's advice

04. 감자와 생선살을 섞을 때 퍽퍽하다면 생선을 삶았던 육수를 조금씩 섞으면 촉촉한 질감을 만들 수 있다.

05. 브랑다드는 모양을 만들어 냉동실에서 굳힌 다음 겉면만 튀겨 먹어도 좋다.

07. 몰드를 빼내고 어린잎 샐러드와 토마토소스(만드는 법은 295페이지 참조), 큐브 모양으로 썬 파프리카를 곁들여 완성한다.

감자, 대파 퓨레와 수란, 베이컨, 파르메산 치즈
Œuf poché, purée de pomme de terre, bacon

크리미한 감자 퓨레와 수란, 그리고 베이컨, 프로슈토, 파르메산 치즈가 어우러져
다채로운 맛과 부드러운 식감이 조화된 따뜻한 전채입니다.

■ 준비시간 20분　■ 조리시간 30분　■ 난이도 ★☆☆

🔴 조리재료　4인분

감자 500g, 대파 1개, 양파 1개, 치킨 스톡 100㎖, 생크림 100㎖, 우유 100㎖, 버터 20g, 차이브 10g, 오일 5㎖, 소금, 후추

가니시 감자 40g, 계란 4개, 베이컨 20g, 파르메산 치즈 20g, 프로슈토 5g

🔴 조리도구

칼, 도마, 냄비, 팬, 체, 믹서

01. 대파는 흰 부분만 잘게 채 썰고, 감자는 껍질을 벗겨 큼직하게 썬다. 양파도 채 썰어 준비한다.

02. 냄비에 오일을 두르고 채 썬 파를 볶는다. 이때 파가 색이 나지 않도록 중불에 계속 저어가며 볶는다.

전채　117

03. 파가 익기 시작하면 큼직하게 썬 감자를 넣고 색이 나지 않도록 잘 저어가며 볶는다. 감자가 반쯤 익으면 치킨 스톡을 부어 졸인다.

04. 감자가 다 익으면 건져낸 후 생크림과 우유를 1:1 비율로 섞어 믹서로 갈아 퓌레를 만든다.

가니시

05. 베이컨과 감자는 적당한 크기로 썬다.

06. 베이컨은 앞, 뒷면이 바삭해지도록 튀기거나 팬프라이한다. 감자도 기름에 바삭하게 튀긴다.

07. 수란을 만든다. (수란 만드는 법은 259페이지 참조)

08. 접시에 감자 퓌레를 담고 그 위에 수란과 바삭하게 튀긴 베이컨과 감자칩, 파르메산 치즈, 차이브 찹 순으로 올려 완성한다.

chef's advice

08. 접시에 모두 담고 트러플오일을 올리면 풍미가 훨씬 좋아진다. 아삭한 식감을 살리고 싶다면 어린잎 샐러드를 곁들여도 좋다.

리옹식 샐러드
Salade lyonnaise

프랑스 남부 리옹을 대표하는 전통 샐러드.
수란, 베이컨, 그뤼에르 치즈를 올리고 올리브오일과 발사믹 비네거로 드레싱한 후
수란 노른자를 터트려 먹는 고소한 맛이 으뜸입니다.
차가운 샐러드와 따뜻한 계란, 베이컨이 어우러져 다채로운 식감을 느낄 수 있습니다.

■ 준비시간 20분　■ 조리시간 20분　■ 난이도 ★☆☆

🔴 조리재료　4인분

샐러드 채소(상추, 로메인, 적치커리, 롤로로사, 적양배추 등) 1kg, 감자 200g, 베이컨 8장, 샬롯 2개, 계란 4개, 식빵 2장, 올리브오일 200㎖, 레드 와인 비네거 10㎖, 발사믹 비네거 50㎖, 그뤼에르 치즈 200g, 트러플오일 10㎖, 소금, 후추

🔴 조리도구

칼, 도마, 냄비, 팬, 볼

01. 감자는 소금물에 삶아 큼직하게 썰고, 베이컨은 적당한 크기로 썰어 바삭하게 굽는다. 계란은 수란(만드는 법은 259페이지 참조)으로, 그뤼에르 치즈는 잘게 갈아 준비한다.

02. 샬롯은 껍질을 벗기고 잘게 다진다.

03. 잘게 다진 샬롯에 레드 와인 비네거를 넣고 센 불에 볶는다.

04. 레드 와인 비네거를 넣은 샬롯이 한번 끓어오르면 중불로 낮추고 수분이 완전히 날아가 샬롯이 부드럽게 뭉개지는 식감을 낼 때까지 졸인다.

05. 졸인 샬롯에 올리브오일과 발사믹 비네거를 2:1 비율로 섞고, 소금, 후추, 트러플오일을 넣어 드레싱을 만든다.

06. 식빵은 2cm 정도의 큐브 모양으로 썰어 오일을 두른 팬에 구워 크루통을 만든다.

07. 채소는 큼직하게 썰어 5번의 드레싱으로 간하고 접시에 담는다.

08. 접시에 담은 채소 위에 감자, 베이컨, 수란, 크루통을 올리고 마지막에 그뤼에르 치즈를 뿌려 완성한다.

니스식 샐러드
Salade niçoise

프랑스 남부 지중해 니스 지역에서 즐겨먹는 참치, 그린빈, 토마토, 올리브 등 건강한 식재료가 혼합된 니스식 샐러드입니다.

■ 준비시간 20분　■ 조리시간 20분　■ 난이도 ★☆☆

조리재료　4인분

채소(루콜라 400g, 양상추 200g), 파프리카 2개, 감자 200g, 오이 1/4개, 통조림 참치 200g, 방울토마토 100g, 계란 1개, 그린빈 20g, 블랙 올리브 20g, 양파 10g, 올리브오일 100㎖, 레몬주스 100㎖, 꿀 20㎖, 소금, 후추

조리도구

칼, 도마, 냄비, 볼

01. 오이와 양파, 블랙 올리브는 슬라이스하고, 그린빈은 적당한 크기로 썰어 소금물에 데친다. 감자와 계란은 삶아서 적당한 크기로 썬다. 방울토마토는 반을 잘라 준비한다.

02. 레몬주스와 올리브오일을 1:2 비율로 섞고, 꿀, 소금, 후추로 간하여 레몬 드레싱을 만든다. 화이트 발사믹 비네거를 섞으면 상큼한 맛을 더욱 살릴 수 있다.

03. 양상추와 루콜라는 적당한 크기로 썰어 레몬 드레싱으로 간하여 접시에 담고 손질한 재료를 올려 완성한다.

chef's advice

01-1. 계란을 삶을 때는 삶은 후 껍질을 까기 쉽게 물에 식초를 약간 넣어준다. 기호에 따라 반숙부터 완숙까지 조절할 수 있지만 너무 오래 삶지 않도록 한다.

01-2. 파프리카는 토치로 그을려 단맛을 살려준다. (파프리카 손질법은 127페이지 참조)

02. 단맛을 살리려면 드레싱에 약간의 꿀을 첨가해도 좋다.

chef's tip
파프리카 손질법

파프리카는 토치로 그을려 겉을 까맣게 구워내면 단맛이 더욱 살아납니다. 밑준비를 할 시간이 충분하다면 파프리카를 토치로 그을린 후 탄 껍질 부분을 벗겨서 사용합니다.

01. 파프리카는 깨끗이 씻은 후 토치를 사용해 껍질이 까맣게 되도록 그을린다.

02. 흐르는 물에서 탄 껍질을 손으로 문질러 벗겨낸 후 칼로 위의 위 아래의 꼭지 부분을 제거하여 파프리카가 원통형이 되도록 손질한다.

03. 파프리카 안쪽에 칼집을 내어 씨를 뺀다.

04. 원통형 파프리카의 한쪽을 칼로 갈라 길게 펼친다.

05. 낚아 있는 씨 부분을 제거한다.

06. 손질을 끝낸 파프리카의 모습

사프란이 들어간 프로방스풍 홍합찜
Moule provençale de safran

화이트 와인에 사프란을 넣고 조리한 홍합찜으로, 사프란의 독특한 맛과 향을 느낄 수 있는 요리입니다. 감자튀김을 함께 곁들이면 궁합이 좋습니다.

■ **준비시간** 20분　■ **조리시간** 10분　■ **난이도** ★☆☆

조리재료　4인분

홍합 3kg, 토마토 200g, 양파 2개, 마늘 4쪽, 파프리카 2개,
화이트 와인 100㎖, 블랙 올리브 20g, 올리브오일 10㎖, 파슬리 10g,
바질 5g, 사프란 2g, 소금, 후추

조리도구

칼, 도마, 냄비

01. 마늘은 슬라이스하고 양파는 채 썬다.

02. 파프리카는 채 썰고, 방울토마토는 반만 자른다.

전채 | 129

03. 올리브오일을 두른 냄비에 슬라이스한 마늘과 잘게 채 썬 양파를 볶는다.

04. 마늘과 양파를 볶은 냄비에 껍데기를 깨끗하게 씻은 홍합을 넣고 익힌다.

05. 홍합이 입을 벌리기 시작하면 화이트 와인과 사프란을 넣는다.

06. 화이트 와인과 사프란을 넣은 홍합에 먹기 좋게 썬 파프리카와 반을 자른 방울토마토를 넣은 후 뚜껑을 닫고 완전히 익힌다.

 chef's advice

05. 국물을 넉넉히 하고 싶다면 화이트 와인의 양을 늘린다. 화이트 와인이 없으면 청주를 사용할 수도 있다.

07. 홍합이 완전히 익으면 그릇에 담은 후 손질한 채소를 올리고 파슬리 찹을 뿌려 완성한다.

부르고뉴식 파슬리 마늘버터 달팽이 그라탱
Escargot de Bourgogne

프랑스를 떠올리면 생각나는 달팽이 요리.
파슬리 마늘버터를 더해 오븐에 구워 만든 달팽이 그라탱으로,
부드러운 달팽이와 풍미 가득한 버터, 그리고 바게트를 곁들여 먹는 요리입니다.

■ 준비시간 10분　■ 조리시간 20분　■ 난이도 ★☆☆

🔴 조리재료　● 4인분

달팽이 500g, 버터 100g, 바게트 1개, 파슬리 20g, 빵가루 10g, 마늘 2쪽, 샬롯 5g, 소금, 후추

🔴 조리도구

칼, 도마, 볼, 팬, 오븐용 그릇

01. 샬롯과 파슬리, 마늘은 모두 잘게 다져 포마드 상태의 버터(53페이지 참조)에 넣고 빵가루를 조금씩 더해가며 섞는다.

02. 오븐용 그릇에 달팽이를 담고 빵가루를 섞은 버터로 덮는다.

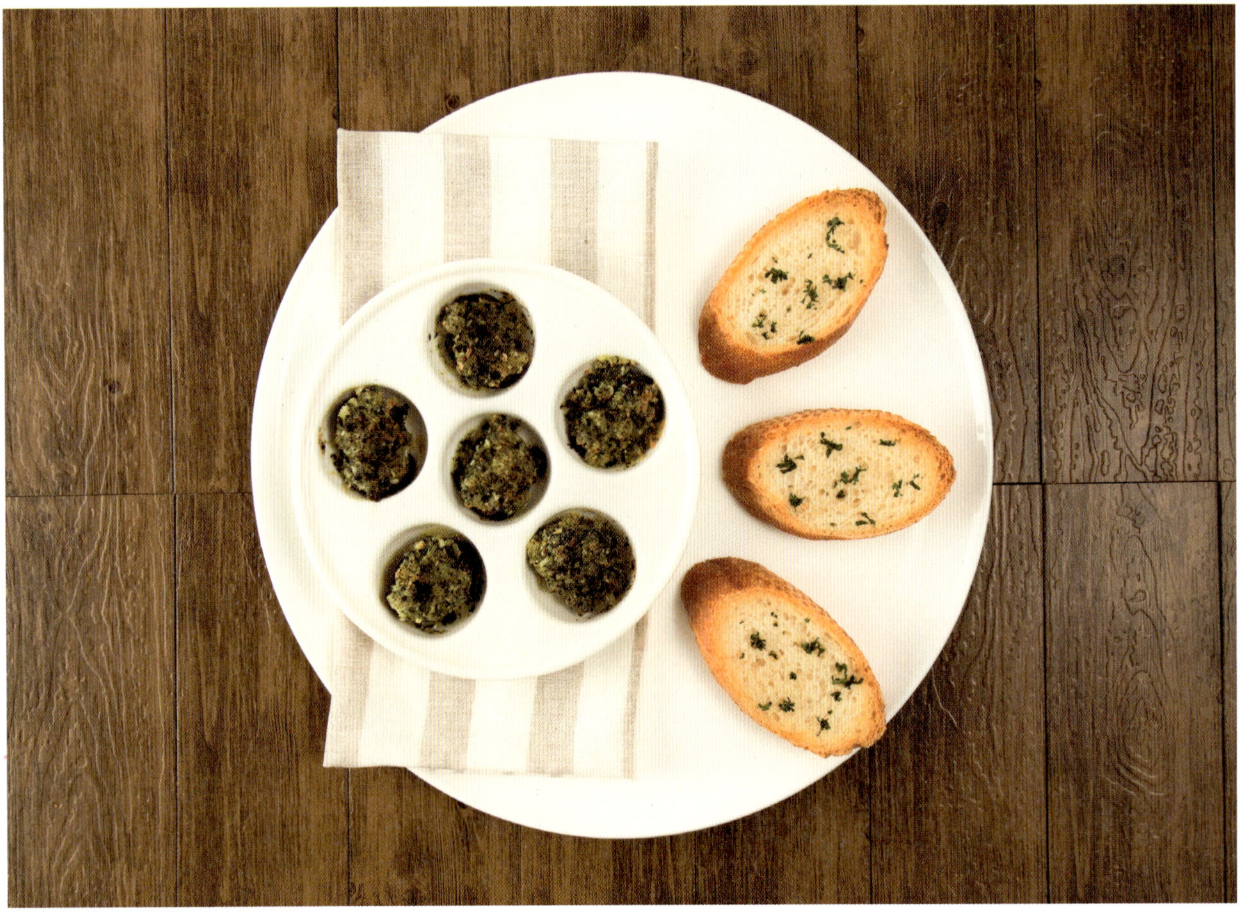

03. 바게트는 먹기 좋게 썰어 버터에 토스트한 후 마늘을 문질러 준비한다. (바게트에 마늘 문지르는 법은 153페이지 참조)
달팽이는 180°C로 예열한 오븐에 약 10분간 버터가 살짝 브라운 색이 나올 때까지 익혀 완성한다.

01. 시판 마늘이나 잘게 으깬 마늘은 마늘 향이 지나치게 강하고 쓴맛이 나므로, 칼로 다진 마늘을 사용하는 것이 좋다.

02-1. 버터는 가염버터를 사용하며, 무염버터를 사용할 때는 소금을 더 넣는다.

02-2. 달팽이는 내장을 제거하면 더욱 깔끔한 맛을 느낄 수 있다. 달팽이를 구하기 힘들면 골뱅이로 대체할 수 있다.

chef's tip
정제버터, 브라운 버터 만드는 법

정제버터와 브라운 버터는 고기를 굽거나 음식의 풍미를 살리기 위해 사용합니다. 무염버터와 가염버터 중 어느 것을 사용해도 좋으며, 조리 중 타기 쉬우므로 불 조절에 주의합니다. 브라운 버터를 만들 때는 녹은 버터에 살짝 갈색이 돌기 시작할 때 바로 불을 끄고 냄비에 남아 있는 잔열을 이용하여 만드는 것이 좋습니다. 버터를 태우지 않고 적당한 색이 도는 브라운 버터를 얻을 수 있습니다.

브라운 버터

01. 버터를 적당한 크기로 썰어 냄비에 넣는다.

02. 센 불에 버터를 녹여 갈색이 돌 때까지 가열한다.

03. 고운 체에 걸러 불순물을 제거한다.

정제버터

01. 버터를 적당한 크기로 썰어 냄비에 넣는다.

02. 약불에 버터가 색이 나지 않도록 녹인다.

03. 냄비 바닥에 가라앉은 유고형분을 제외한 녹은 버터를 고운 체에 걸러 불순물을 제거한다.

Poisson
생선

생선이나 갑각류, 조개류 등을 이용하여 만드는 요리를 말합니다. 과거에는 삶거나 찌는 요리, 밀가루를 묻혀 버터로 구워내는 뫼니에르, 로스트, 프라이 등 익혀 만드는 요리가 대부분이었지만 최근에는 생선 조리법이 다양해지면서 반만 익히거나 익히지 않고 조리하는 방법도 사용합니다. 보통 정찬 코스에서는 고기요리 전에 먹으며, 생선요리를 먹은 후에는 산도가 있거나 알코올이 들어간 셔벗 등으로 입맛을 정리하고 메인 코스로 넘어가기도 합니다.

솔 뫼니에르
Sole meunière

팬에 익힌 가리비와 단호박 퓌레, 베이컨, 파르메산 치즈
Coquille Saint-Jacques, purée de potimarron

연어구이와 비에주 소스
Saumon poêlée, sauce vierge

프로방스풍 도미 오븐구이
Dorade au four

돼지고기 라구로 속을 채운 한치
Calamar farçi de chorizo rague

블랙 올리브 크러스트를 올린 광어
Turbot en croûte d'olive noir

랍스터
Homard au four, salsa de Tomate

스팀으로 익힌 연어와 시금치크림소스
Filets de saumon aux épinards à la crème

솔 뫼니에르
Sole meunière

솔은 일반적으로 가자미라고 알려져 있지만 우리나라의 서대와 흡사한 생선입니다.
신선한 서대를 구할 수 있다면 서대를 사용하는 것이 좋으나, 여기에서는 가자미를 사용하였습니다.
솔 뫼니에르는 밀가루 옷을 살짝 입힌 가자미를 버터에 겉면이 바삭해지도록 구운 후
남은 버터에 레몬주스를 뿌려 소스를 만들어서 함께 곁들여 먹는 요리입니다.

■ 준비시간 20분　■ 조리시간 20분　■ 난이도 ★☆☆

조리재료　4인분

가자미 4마리, 레몬 4개, 튀김가루 100g, 버터 500g, 올리브오일 20㎖, 파슬리 5g, 타임 5g, 소금, 후추

가니시 감자 500g, 버터 200g

조리도구

칼, 도마, 팬

01. 가자미는 머리를 제거하고 껍질을 벗긴다.

02. 껍질을 벗긴 가자미의 양쪽 면에 튀김가루를 입힌다.

생선 | 139

03. 버터를 두른 팬을 가열하여 버터가 색이 나기 시작하면 튀김가루를 입힌 가자미를 굽는다.

04. 가자미가 노릇노릇해지도록 녹은 버터를 끼얹어 아로제한다. 이때 타임 찹을 넣어 향을 더한다.

05. 다 익힌 가자미를 빼고 팬에 남은 브라운 버터에 레몬주스를 넣은 후 데 글라세하여 레몬주스 소스를 만든다. 마지막에 파슬리 찹을 더해준다.

chef's advice

01. 가자미 껍질을 벗길 때는 생선살과 껍질 사이에 칼집을 낸 뒤 손가락을 넣어 살살 벗겨낸다. 한국에서 구할 수 있는 가자미는 껍질이 두꺼우므로 잘못하면 껍질과 함께 살도 뜯어질 수 있으니 주의한다.

02. 튀김가루를 묻히기 전에 표면의 물기를 최대한 제거해야 가루가 뭉치지 않고 고르게 묻는다.

가니시 – 감자볶음

06. 소금, 후추로 간한 물에 감자를 삶는다. 으깬 마늘과 타임 등을 함께 넣으면 더욱 좋다.

07. 감자가 익으면 적당한 크기로 썰어 소테한다. 팬에 올리브오일을 두르고 으깬 마늘과 버터, 타임을 넣은 후 손질한 감자를 굽는다.

08. 구운 가자미를 접시에 담는다. 소테한 감자를 곁들이고, 팬에 조리한 레몬주스 소스는 가자미 위에 부어 완성한다. 기호에 따라 레몬주스를 더 곁들여도 좋다.

팬에 익힌 가리비와 단호박 퓌레, 베이컨, 파르메산 치즈
Coquille Saint-Jacques, purée de potimarro

팬에 살짝 익혀 식감을 살린 가리비에 달콤하고 부드러운 단호박 퓌레를 올린 요리입니다. 관자요리는 단맛과 궁합이 잘 맞는데, 단호박, 양파, 파, 블랙 올리브에서 나오는 달콤함과 탱글탱글한 관자의 식감이 적절한 조화를 이룹니다.

■ 준비시간 20분 ■ 조리시간 20분 ■ 난이도 ★☆☆

조리재료 4인분

관자 12개, 새우 4마리, 베이컨 6장, 올리브 10개, 양파 1개, 대파 1단,
올리브오일 10㎖, 소금, 후추

가니시 단호박 1개, 생크림 500㎖, 우유 500㎖, 치킨 스톡 100㎖, 버터 20g

조리도구

칼, 도마, 냄비, 팬, 체, 믹서

01. 대파의 흰 부분, 올리브, 베이컨은 잘게 썰어 준비한다. 양파는 채 썰고, 새우는 껍질을 까고 머리를 떼어 손질한다.

02. 냄비에 올리브오일을 두르고 잘게 썬 파를 중불에서 천천히 색이 나지 않게 익힌다. 파가 투명해지면 버터를 약간 넣고 소금, 후추로 간한다.

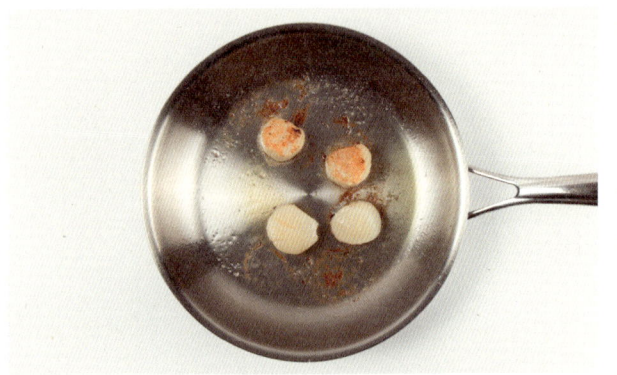

03. 관자는 올리브오일을 두르고 달군 팬에 올려 굽는다. 한쪽 면이 갈색이 되도록 시어링하여 뒤집은 후 버터를 넣고 뒷면은 살짝만 굽는다.

04. 달군 팬에 올리브오일을 두르고 손질한 새우를 익힌다. 한쪽을 먼저 익히고 뒤집어서 버터를 살짝 넣고 소금, 후추로 간한다.

05. 잘게 썬 베이컨은 올리브오일을 두른 팬에 바삭하게 볶는다.

06. 베이컨을 볶다가 채 썬 양파를 넣고 색이 나지 않게 익힌다.

07. 양파가 투명해지면 버터를 넣고 완전히 익힌 후 잘게 썬 올리브를 넣고 볶는다.

08. 단호박 퓌레를 만든다. (단호박 퓌레 만드는 법은 229페이지 참조)

09. 접시에 단호박 퓌레를 깔고 2번의 대파볶음과 3번의 관자, 4번의 새우, 7번의 베이컨 올리브 볶음을 담아 완성한다. 잘게 썬 채소나 어린잎 샐러드를 곁들여도 좋다.

연어구이와 비에주 소스
Saumon poêlée, sauce vierge

팬에 익힌 담백한 연어에 단호박 퓌레와 고소한 완두콩 가니시를 더했습니다.
여기에 채소, 올리브오일, 발사믹 비네거로 만든 새콤달콤한 비에주 소스가 어우러져 맛의 균형을 맞춘 요리입니다.
토마토와 블랙 올리브, 샬롯은 필수 재료이므로 가급적 다른 재료로 대체하지 않고 그대로 사용합니다.

■ 준비시간 20분 ■ 조리시간 30분 ■ 난이도 ★☆☆

조리재료 4인분

연어 400g, 샬롯 4개(또는 양파 1개), 애호박 1개, 올리브오일 20㎖, 블랙 올리브 10개, 그린빈 100g, 발사믹 비네거 50㎖, 방울토마토 4개, 파프리카 1개, 소금, 후추

가니시 단호박 1/4개, 우유(또는 생크림) 50㎖, 완두콩 30g, 돗나물 10g

조리도구

칼, 도마, 냄비, 팬

01. 그린빈을 살짝 데친다.

02. 애호박, 방울토마토, 블랙 올리브, 데친 그린빈, 샬롯을 5mm 크기의 작은 큐브 모양으로 썬다.

03. 올리브오일과 발사믹 비네거는 3:1의 비율로 섞고 큐브 모양으로 잘게 썬 채소를 넣은 후 소금, 후추로 간하여 비에주 소스(294페이지 참조)를 만든다.

04. 달군 팬에 유산지를 깔고 그 위에 올리브오일을 뿌린 후 소금, 후추로 간한 연어를 껍질 쪽부터 익힌다.

05. 끓는 물에 완두콩을 데친다. 데친 완두콩은 바로 찬물에서 식혀야 색깔이 변하지 않는다.

06. 찬물에 식힌 완두콩은 팬에서 버터로 가볍게 글레이징한다.

가니시 - 단호박 퓌레

07. 단호박 퓌레를 만든다. (단호박 퓌레 만드는 법은 229페이지 참조)

08. 우유와 생크림으로 농도를 조절한다.

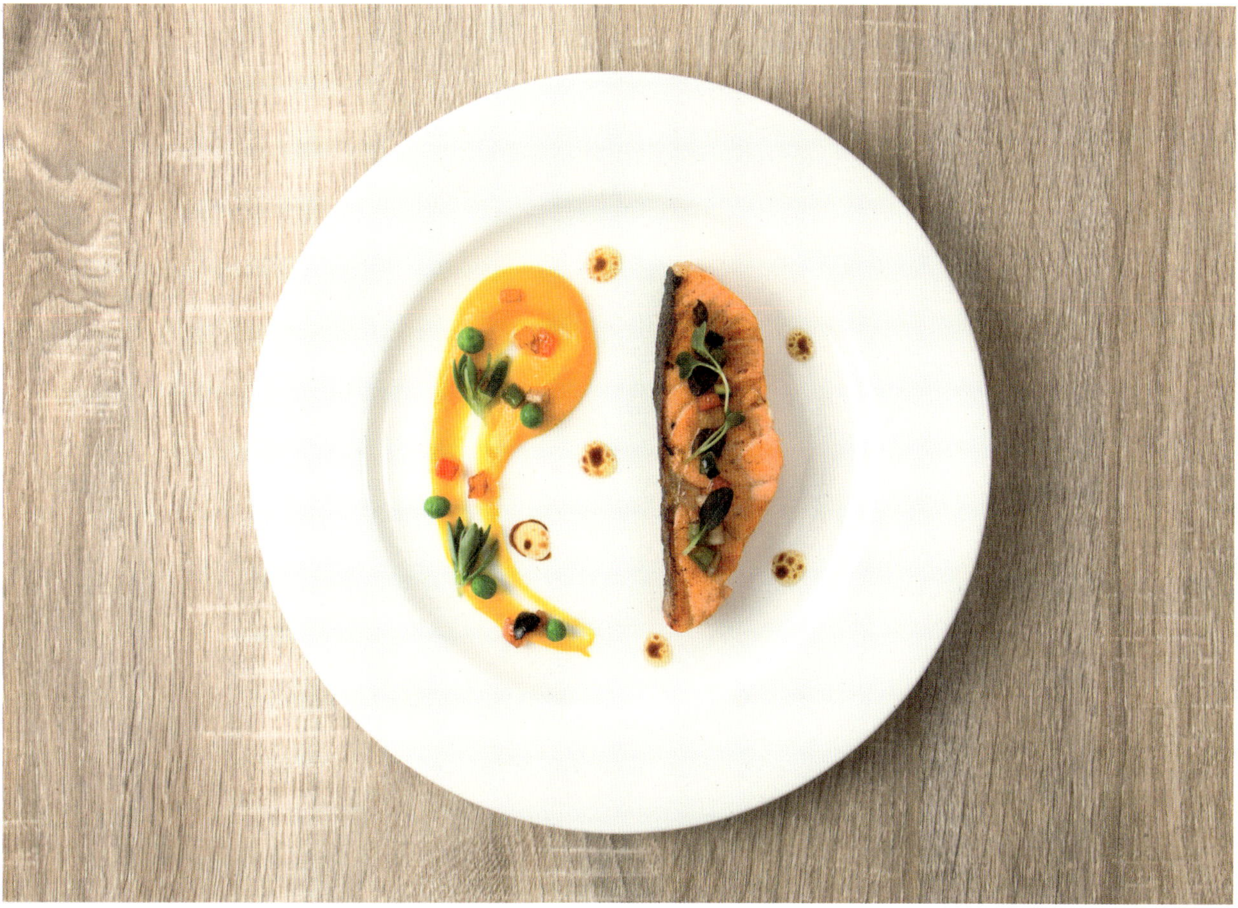

09. 접시에 팬에 구운 연어를 올리고, 비에주 소스를 뿌린다. 단호박 퓌레와 데친 완두콩을 곁들여 완성한다. 글레이징한 채소나 어린잎 샐러드를 곁들여도 좋다.

04. 팬 위에 유산지를 깔고 그 위에 연어를 구우면 껍질이 팬에 달라붙지 않고 깔끔하게 조리할 수 있다.

프로방스풍 도미 오븐구이
Dorade au four

토마토, 가지, 주키니, 파프리카, 블랙 올리브, 양파는 남부 프랑스 지방에서 생산되는 흔한 채소로, 프로방스풍 요리의 맛을 내는 중요한 식재료입니다.
큼직하게 썬 채소를 오븐에서 익힌 뒤 도미를 통으로 얹어 오븐에 토스트해 근사한 생선요리를 완성합니다.

■ 준비시간 30분　■ 조리시간 60분　■ 난이도 ★☆☆

조리재료 4인분

도미 2kg, 가지 1개, 단호박 1개, 양송이버섯 100g, 파프리카 1개, 주키니 1개, 양파 1개, 샬롯 3개, 방울토마토 200g, 블랙 올리브 10개, 마늘 2쪽, 레몬 1개, 버터 20g, 화이트 와인 20㎖, 올리브오일 10㎖, 바질 2g, 로즈마리 2g, 타임 2g, 소금, 후추

조리도구

칼, 도마, 오븐용 그릇

01. 단호박, 양송이버섯, 양파, 마늘, 샬롯, 가지, 주키니, 파프리카는 큼직하게 썬다.

02. 오븐용 접시에 버터를 고루 바른다.

생선　151

03. 접시에 큼직하게 썬 채소를 올리고 소금, 후추로 간한다. 허브를 올리고 올리브오일과 화이트 와인을 약간 뿌린 후 비늘과 내장을 제거한 도미를 얹는다.

04. 200℃로 예열한 오븐에 약 20분간 굽는다. 도미 위에 버터를 올려 익히면 풍미를 더욱 살릴 수 있다.

05. 생선이 익으면 익힌 채소와 함께 접시에 담는다. 채소가 덜 익었다면 도미를 빼고 오븐에서 채소만 더 익힌다. 레몬주스를 뿌리고 슬라이스한 블랙 올리브, 바질을 얹어 완성한다.

chef's tip
바게트에 마늘 문지르는 법

버터로 토스트한 바게트에 은은한 마늘향을 입히는 과정입니다. 바게트를 곁들이는 요리에 사용하면 풍미가 살아납니다.

마늘 바르기

01. 슬라이스한 바게트는 오일을 두른 팬에 노릇하게 굽는다.

02. 마늘은 반을 잘라 준비한다.

03. 반을 자른 마늘의 단면을 노릇한 빵의 단면에 문질러 마늘향이 배게 한다.

chef's tip
피클링 스파이스 만드는 법

피클링 스파이스는 식재료를 절일 때 사용하는 향신료를 말합니다. 올스파이스, 월계수잎, 카다멈, 시나몬, 정향, 겨자씨 등이 들어가며, 구성은 제조사마다 조금씩 다릅니다. 식초와 물, 설탕과 함께 섞어 끓인 후, 적당한 채소를 더해 피클을 만듭니다.

피클링 스파이스 **피클 만들기**

01. 물 500㎖에 식초 100㎖를 섞고 설탕 50g과 피클링 스파이스 10g을 넣어 한소끔 끓인다. 피클을 만들거나 요리 재료를 절이는 데 사용한다.

02. 원하는 채소를 적당한 크기로 썰어 볼에 담고, 뜨거운 상태의 피클링 스파이스 식초를 채소가 충분히 잠길 때까지 붓는다.

03. 랩 등으로 공기가 통하지 않게 감싸 상온에 식힌다.

돼지고기 라구로 속을 채운 한치
Calamar farçi de chorizo rague

시금치, 초리조, 돼지고기로 속을 채운 한치에 진한 비스크 소스를 더해 깊은 풍미를 살린 요리입니다.

■ 준비시간 20분　■ 조리시간 30분　■ 난이도 ★☆☆

조리재료　　4인분

한치 10마리, 간 돼지고기 300g, 시금치 200g, 비스크 소스 100㎖,
양송이버섯 100g, 토마토소스 50㎖, 샬롯 2개, 대파 100g, 초리조 50g,
방울토마토 200g, 파르메산 치즈 50g, 버터 20g, 올리브오일 20㎖,
타바스코 소스 5㎖, 차이브 2g, 타임 2g, 커민 2g, 소금, 후추

가니시　파프리카 200g, 돗나물 2g

조리도구

칼, 도마, 팬, 냄비, 찜기, 믹서, 체

01. 샬롯과 대파, 버섯, 초리조는 잘게 썬다.

02. 시금치는 줄기를 떼어내고 이파리만 남겨 손질한다.

생선　155

03. 손질한 시금치를 소금물에 데친다.

04. 팬에 올리브오일을 두르고 잘게 썬 대파와 샬롯을 볶는다. 대파와 샬롯이 투명해지면 초리조를 넣고 한번 더 볶는다. 초리조에서 나온 기름을 한번 제거한 후 버섯을 넣고 간하면서 볶는다.

05. 볶은 초리조와 버섯에 간 돼지고기를 넣어 볶고 소금, 후추로 간한다.

06. 데친 시금치를 잘게 썰어 넣고, 타임 찹을 함께 넣는다.

07. 고기가 다 익으면 파르메산 치즈를 뿌려 점성을 더한다.

08. 완성된 속재료는 짤주머니에 채우고, 한치는 몸통과 다리를 분리하여 준비한다.

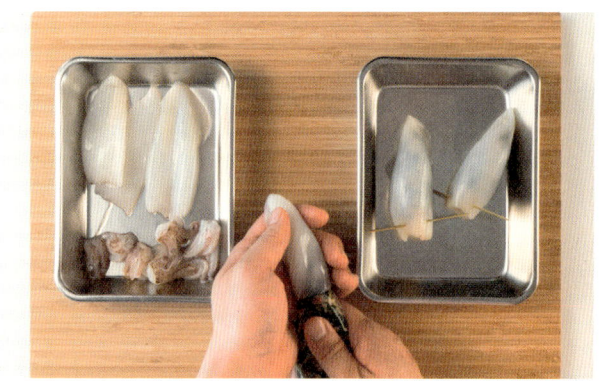

09. 짤주머니에 채운 고기와 채소를 한치 몸통에 채운 후 입구를 이쑤시개로 봉한다.

10. 고기와 채소를 채운 한치 몸통을 찜기에 찐다.

11. 찜기에 익힌 한치 몸통은 올리브오일을 두른 팬에 굽는다. 도중에 버터를 넣고 아로제하면서 겉에 바삭한 식감과 색이 나도록 한다.

chef's advice

04. 버섯은 강한 불에서 빨리 볶아야 물이 생기지 않는다.

10. 한치 몸통에 넣은 스터핑은 모두 익힌 상태이므로, 한치의 투명함이 가실 정도로만 살짝 찐다.

가니시 - 한치다리

12. 한치 다리는 튀김가루를 입혀 튀긴다.

가니시 - 토마토, 파프리카, 샬롯

13. 방울토마토, 파프리카, 샬롯은 작게 다이스한다.

14. 팬에 올리브오일을 두르고 다이스한 방울토마토와 파프리카, 샬롯을 볶는다. 비스크 소스와 소금, 후추로 간한다.

15. 토마토소스를 넣어 한번 볶는다.

16. 그릇에 토마토, 파프리카 가니시와 비스크 소스를 깔고 한치 몸통과 튀김을 얹는다. 차이브, 돗나물을 얹고 파르메산 치즈를 뿌려 완성한다.

chef's tip
짤주머니 사용법

짤주머니를 사용할 때는 짤주머니 외에도 깍지를 준비합니다. 깍지 끝부분의 모양이나 크기에 따라 크림 모양이 다양하게 나오므로, 용도에 맞는 깍지를 사용하는 것이 좋습니다.

01. 짤주머니 끝을 약간 잘라내고 안쪽으로 깍지를 넣어 자리를 잡는다.

02. 짤주머니 입구 부분을 깍지 안쪽으로 접어 넣어 내용물이 새어나오지 않도록 막는다.

03. 깍지 안으로 접어 넣은 부분이 풀리지 않도록 주의하며 짤주머니를 펼친다.

04. 크림을 담는다.

05. 크림을 깍지 쪽으로 밀어올린다.

06. 짤주머니 입구의 남는 부분을 가위로 반을 자른다.

07. 반으로 자른 양 끝을 잡고 한번 묶는다.

08. 손에 쥐기 쉽도록 남는 끝을 잘라낸다.

09. 크림을 짜기 직전의 짤주머니 모습

블랙 올리브 크러스트를 올린 광어
Turbot en croûte d'olive noir

엽산과 철분이 듬뿍 들어 신의 열매라 불리는 블랙 올리브를 이용한 광어요리입니다.
부드럽게 쪄낸 광어 위에 버터에 볶아 바삭한 식감을 살린 빵가루 크러스트, 블랙 올리브를 올려 포인트를 주었습니다.
제철채소와 해산물 가니시를 곁들여 완성합니다. 뵈르 블랑 소스를 곁들여도 좋습니다.

■ 준비시간 **30분** ■ 조리시간 **60분** ■ 난이도 ★☆☆

🔴 조리재료 ● 4인분

광어 2kg, 빵가루 100g, 블랙 올리브 50g, 올리브오일 20㎖, 버터 20g, 케이퍼 10g, 이태리 파슬리 5g, 소금, 후추

가니시 새우 4마리, 바지락 10개, 단호박 1개, 아스파라거스 5개, 샬롯 2개, 시금치 100g, 방울토마토 50g

🔴 조리도구

칼, 도마, 찜기, 팬

01. 도마 위에 랩을 깔고 광어를 올린 후 소금, 후추로 간한다.

02. 간한 광어는 랩으로 말아가며 원통형으로 모양을 잡는다.

03. 랩으로 싼 광어를 찜기에 찐다.

가니시

04. 시금치는 줄기를 잘라내고 잎 부분만 남긴다.

05. 브라운 버터를 만든 후 (135페이지 참조) 잎 부분만 남긴 시금치를 넣고 볶는다.

06. 아스파라거스와 샬롯은 적당한 크기로 썰고, 방울토마토도 4등분하여 씨를 뺀다.

07. 새우는 머리를 떼고 껍데기를 벗겨 손질한다.

08. 팬에 올리브오일을 두르고 새우를 볶는다. 소금, 후추로 간한다.

09. 단호박은 먹기 좋은 크기로 썬다.

10. 먹기 좋게 썬 단호박을 포칭한다.

11. 냄비에 화이트 와인을 두르고 바지락을 삶는다.

12. 브라운 버터에 빵가루를 넣고 볶는다.

13. 볶은 빵가루에 블랙 올리브 찹을 섞어 한번 더 볶아 블랙 올리브 크러스트를 만든다.

14. 찜기에 찐 광어를 접시에 올리고 그 위에 블랙 올리브 크러스트와 케이퍼를 얹는다.

15. 접시에 볶은 시금치를 깔아 자리를 잡고, 시금치 위에 데친 아스파라거스와 볶은 새우, 반으로 자른 방울토마토와 샬롯, 바지락과 단호박을 올려 완성한다.

chef's advice

03. 활어를 바로 익히면 근육, 신경 조직이 살아 있어 형태가 뒤틀리므로, 하루 전에 미리 손질하여 냉장고에서 숙성하는 것이 좋다.

chef's tip
쿠스쿠스, 폴렌타 사용법

쿠스쿠스와 폴렌타는 뜨거운 물을 붓거나 냄비에서 간단하게 끓여 사용할 수 있어, 요리에 가니시로 곁들이기 좋습니다. 적당히 익힌 뒤에는 잘게 썬 채소를 넣거나 소금, 후추 등으로 간하여 사용합니다.

폴렌타 재료

폴렌타와 물, 혹은 우유를 준비한다.

쿠스쿠스 재료

쿠스쿠스와 뜨거운 치킨 스톡을 준비한다.

폴렌타

01. 폴렌타에 물 또는 우유를 붓는다. 폴렌타와 액체의 비율은 1:5로 한다.

02. 중불에 저어가며 섞는다.

03. 폴렌타 가루가 완진히 녹아 풀어질 때까지 익힌다.

쿠스쿠스

01. 쿠스쿠스에 뜨겁게 끓인 치킨 수프를 살짝 잠길 때까지 붓는다.

02. 랩을 씌운다.

03. 약 4~5분 뒤 쿠스쿠스가 다 익으면 랩을 벗겨내 사용한다.

랍스터
Homard au four, salsa de tomate

잘 익힌 바닷가재에 모차렐라 치즈를 얹고 토마토 살사를 곁들인 메뉴.
간단한 소스로 손쉽게 완성하는 랍스터 요리입니다.

■ 준비시간 30분   ■ 조리시간 30분   ■ 난이도 ★☆☆

조리재료 4인분

바닷가재 2마리, 올리브오일 100㎖, 모차렐라 치즈 100g, 레몬 2개, 토마토 5개, 파프리카 1개, 화이트 와인 비네거 50㎖, 버터 50g, 양파 1개, 소금, 후추

가니시 어린잎 샐러드 50g

조리도구

칼, 도마, 오븐용 그릇

01. 바닷가재는 집게발을 떼어내고 머리 부분과 몸통은 세로로 반을 가른다.

02. 집게발은 끓는 물에 4분 정도 삶은 후 껍데기를 칼로 부수어 가위로 잘라 살이 드러나게 한다.

03. 올리브오일을 두른 팬에 바닷가재 몸통의 자른 단면부터 시어링한다.

04. 단면이 익으면 뒤집어 골고루 익히고, 소금, 후추로 간한다.

05. 오븐용 그릇에 바닷가재 몸통과 집게발을 넣고 그 위에 버터와 모차렐라 치즈를 얹는다.

06. 200℃로 예열한 오븐에 약 5분간 익힌다.

> 가니시 - 토마토살사

07. 씨를 빼고 손질한 토마토와 파프리카, 양파를 큐브 모양으로 썬다.

08. 큐브 모양으로 썬 채소에 레몬주스와 소금, 후추, 화이트 와인 비네거, 올리브오일을 넣고 섞는다.

09. 오븐에 익힌 바닷가재를 접시에 옮겨 담고 토마토 살사와 어린잎 샐러드를 얹어 완성한다. 방울토마토 등을 곁들여도 좋다.

스팀으로 익힌 연어와 시금치크림소스
Filets de saumon aux épinards à la crème

프랑스의 트루아그로 Troisgros 셰프의 시그니처 요리로도 유명한 생선 요리로, 원래는 소렐이라는 신맛이 나는 시금치를 닮은 잎을 사용합니다. 책에 수록된 레시피는 이 요리를 조금 더 심플하게 해석한 스타일로, 신맛을 최대한 배제하고 시금치를 사용해 담백하게 만들었습니다. 드라이한 화이트와인과 잘 어울리는 요리이며, 더욱 부드러운 텍스처를 원한다면 연어 뱃살을 사용하면 좋습니다.

■ 준비시간 10분 ■ 조리시간 30분 ■ 난이도 ★★☆

조리재료 4인분

연어 1kg, 소금, 후추, 올리브오일

가니시 화이트 와인 200g, 생크림 200g, 레몬 1/2개, 샬롯 4개, 생선스톡(또는 조개스톡) 100g, 시금치 200g, 드라이 마티니 30g, 버터, 후추

조리도구

칼, 도마, 찜기, 냄비, 체

01. 연어는 양쪽 면 모두 소금과 후추로 간을 하고 올리브오일을 바른다.

02. 찜기에 연어를 넣고 찐다.

03. 찜기에 찐 연어를 꺼내 껍질을 벗긴다.

가니시-시금치크림소스

04. 샬롯은 잘게 썰고, 시금치는 이파리 부분만 적당한 크기로 썬다.

05. 냄비에 손질한 샬롯과 화이트와인, 드라이 마티니, 생선스톡(또는 조개스톡)을 넣고 다운시킨다.

06. 1/3 정도 다운이 되면 생크림을 넣고 다운시킨다.

07. 어느 정도 다운이 되면 손질한 시금치를 넣고 20초 정도 끓인다.

08. 차가운 버터를 넣어 농도를 잡은 후, 마지막에 레몬즙을 짜서 넣는다.

09. 접시 바닥에 시금치크림소스를 깔고 연어를 올린다. 레몬제스트와 후추를 뿌린 후 연어 양옆에 시금치를 올려 완성한다.

 chef's advice

02. 연어는 겉이 촉촉할 정도로 쪄야 부드러운 식감을 살릴 수 있다.

07. 시금치는 오래 끓이면 색이 변할 수 있으므로, 요리가 완성되기 직전에 20초 정도 끓인다.

Viande
고기

생선 요리 다음에 나오는 고기 요리 코스로, 소고기, 송아지고기, 돼지고기, 양고기, 닭고기, 오리고기 등 다양한 종류가 이에 포함됩니다. 코스 요리에서 가장 중요하게 여겨지며 로스트나 스테이크 방식을 주로 사용합니다. 요즘에는 수비드라고 하는 진공포장을 이용한 저온 조리법으로 육즙의 손실을 최소화하여 고기를 익히는 방법도 많이 이용하고 있습니다. 고기요리는 종류와 부위에 따라서도 육질과 풍미가 다르므로, 그에 맞는 조리법을 사용하는 것이 중요합니다.

로스트 치킨과 오븐구이 채소
Poulet rôti, légumes au four

알자스풍 코코뱅
Coq au riesling

오리가슴살 스테이크와 당근, 시금치 퓌레
Suprême de canard, purée de carottes, fondant carottes, coulis d'épinard

오리다리 콩피와 카슐레
Cuisse de canard confit, cassoulet

바비큐 소스를 곁들인 통 삼겹살찜
Poitrine de cochon, patate douce, sauce barbecue

양갈비와 쿠스쿠스
Côte d'agneau, couscous, ratatouille

비프 쥐를 곁들인 립아이 스테이크와 감자튀김
Entrecôte de bœuf

발사믹 소스를 곁들인 등심 스테이크와 방울토마토, 바질
Faux filet sauce balsamique, tomate, basilic

오소 부코
Osso buco

뵈프 부르기뇽
Boeuf bourguignon

로스트 치킨과 오븐구이 채소
Poulet rôti, légumes au four

프랑스인들이 즐겨 먹는 간편한 닭요리로, 다양한 채소를 깔고 그 위에 닭 한마리를 통째로 올려 구워낸 요리입니다. 팬 프라이한 치킨 몸통에 버터를 듬뿍 발라 오븐에 로스트하여, 고기와 채소에서 배어나온 맛과 향, 그리고 진한 버터의 풍미가 어우러진 일품요리입니다.

■ 준비시간 20분 ■ 조리시간 60분 ■ 난이도 ★☆☆

🔴 조리재료 ● 4인분

닭 1마리(약 1kg), 감자 1kg, 방울토마토 5개, 샬롯 2개, 당근 1개, 쪽파 1단, 가지 1개, 주키니 1개, 파프리카 1개, 브로콜리 1개, 버터 100g, 올리브오일 10㎖, 로즈마리 2g, 소금, 후추

🔴 조리도구

칼, 도마, 팬, 오븐용 그릇

01. 파프리카, 당근, 감자, 샬롯, 주키니, 가지, 브로콜리는 적당한 크기로 썬다. 방울토마토는 꼭지만 따서 준비한다.

02. 올리브오일을 두른 오븐용 그릇에 적당한 크기로 썬 채소를 담고 소금, 후추로 간한다. 버터는 덩어리로 조각 내어 채소 위에 얹고, 로즈마리를 올린다.

03. 200℃로 예열한 오븐에 약 15분간 반만 익힌다. 오븐에 익히는 도중에 한 번 꺼내어 버터와 오일, 채소가 고루 섞이도록 뒤집는다.

04. 닭은 반으로 잘라 소금, 후추로 밑간한다.

05. 올리브오일을 두른 팬에 밑간한 닭을 단면부터 시어링한다. 으깬 마늘을 함께 넣어도 좋다.

06. 닭의 표면이 살짝 익으면 버터를 넣고 고기에 끼얹어가며 아로제한다.

07. 오븐에 넣어 절반만 익힌 채소 위에 아로제한 치킨을 올리고, 고기를 구운 팬에 남아 있는 브라운 버터를 치킨과 채소 위에 골고루 뿌린다. 타임 등의 허브를 함께 올려도 좋다.

08. 200℃로 예열한 오븐에 약 30~40분간 익힌다.

09. 그릇에 옮겨 구운 채소를 바닥에 깔고 치킨을 얹어 완성한다.

chef's advice

08-1. 고기와 채소의 양에 따라 적절히 시간을 조절한다. 고기의 색이 너무 많이 나는 것 같으면 오븐에서 꺼내고 고기를 뒤집은 후 나머지를 익힌다. 색이 적당해졌는 데도 다 익지 않으면 그릇 위에 은박지를 씌워 익힌다.

08-2. 한 마리를 통으로 구울 때는 닭을 들어 올렸을 때 엉덩이에서 육즙이 흘러나오지 않는다면 다 익은 것이다.

알자스풍 코코뱅
Coq au riesling

알자스 지역의 리슬링 화이트 와인을 사용한 코코뱅. 코코뱅은 부르고뉴의 레드 와인으로 만든 것이 유명하지만,
리슬링 화이트 와인과 생크림을 이용해 만든 코코뱅 또한 색다른 맛을 줍니다.
팬프라이한 닭고기에 화이트 와인을 넣고 끓여 산미가 도드라지는 음식으로, 리슬링 와인과 잘 어울립니다.
샤블리나 샤르도네처럼 산미가 지나치게 강조되는 와인은 피하는 것이 좋습니다.

■ **준비시간** 30분　■ **조리시간** 60분　■ **난이도** ★☆☆

🔴 조리재료　4인분

닭 600g, 생크림 500㎖, 리슬링 화이트 와인 200㎖, 치킨 스톡 100㎖, 샬롯 4개, 당근 1개, 파 1단, 양송이버섯 100g, 버터 20g, 올리브오일 10㎖, 코냑 5㎖, 이태리 파슬리 5g, 타임 2g, 소금, 후추

🔴 조리도구

칼, 도마, 냄비

01. 샬롯, 양송이버섯, 파, 당근은 적당한 크기로 썬다.

02. 고기는 다리살과 허벅지살, 가슴살, 날개살로 나누어 손질하고 소금, 후추로 밑간한다. (닭고기 손질법은 197페이지 오리 손질법 참조)

03. 올리브오일을 두른 냄비에 밑간한 고기를 시어링한다. 겉이 살짝 익으면 버터를 넣고 녹은 버터를 끼얹어 아로제한다. 고기에 색이 나기 시작하면 손질한 샬롯을 넣는다.

04. 시어링한 고기에 코냑을 부어 한번 데글라세하고 화이트 와인을 부어 3분의 2 이상 졸인다. 이때 타임을 함께 넣는다.

05. 화이트 와인이 졸아들면 치킨 스톡을 붓는다.

06. 손질한 샬롯과 양송이버섯, 파와 당근을 넣어 함께 익힌다.

07. 치킨 스톡이 절반 정도 졸아들면 생크림을 붓고 한번 끓인다.

08. 크림이 졸아들면 접시에 담고 파슬리 찹을 얹어 완성한다.

chef's advice

07. 레드 와인을 사용한 코코뱅도 위와 과정이 동일하지만 화이트 와인 대신 레드 와인을 넣고, 크림을 넣지 않는 점이 다르다. 6번 과정 이후에 루 나 차가운 버터로 농도를 조절한다. 레드 와인을 사용할 때는 로즈마리 대신 타임을 넣는다.

오리가슴살 스테이크와 당근, 시금치 퓌레
Suprême de canard, purée de carottes, fondant carottes, coulis d'épinard

단맛이 있는 당근을 메인 가니시로 사용해 당근 퓌레와 당근 글레이즈, 시금치 퓌레를 곁들인 오리 가슴살 스테이크. 프랑스에서는 주로 로제(미디엄 레어)로 익혀 먹지만 우리나라에서 가금류는 웰던으로 익힌 것을 선호하므로 껍질 부위를 바삭하게 익힌 뒤 오븐에서 속까지 모두 익혀줍니다.

■ 준비시간 20분 ■ 조리시간 30분 ■ 난이도 ★☆☆

조리재료 4인분

오리가슴살 2개, 버터 20g, 올리브오일 10㎖, 소금, 후추

가니시 당근 4개, 시금치 200g, 당근 주스 200㎖, 생크림 50㎖, 파슬리 2g

조리도구

칼, 도마, 냄비, 팬, 믹서, 체

01. 소금, 후추로 간한 오리가슴살을 올리브오일을 살짝 두른 팬에 껍질 쪽부터 굽는다.

02. 겉면이 익으면 버터를 넣고 아로제하면서 껍질의 바삭한 식감을 살린다. 껍질이 바삭해지면 200℃로 예열한 오븐에 약 5분간 구워 완전히 익힌다.

고기   185

가니시 – 시금치 퓌레

03. 시금치를 소금물에 푹 데친다.

04. 데친 시금치를 믹서로 갈아 체에 거른다. 소금, 후추로 간하여 시금치 퓌레를 만든다.

가니시 – 당근 퓌레

05. 퓌레를 만들 당근은 큼직하게 썰고, 가니시로 사용할 당근은 몰드 등으로 모양을 내어 작게 썬다.

06. 당근 주스와 생크림을 섞은 후, 큼직하게 썬 당근을 삶아 푹 익힌다.

07. 생크림에 익힌 당근을 건져내 믹서로 갈아 퓌레를 만든다.

08. 소금, 후추로 간한 후 당근을 삶고 남은 6번의 크림을 더해가며 농도를 조절하여 체에 거른다.

09. 접시에 구운 오리가슴살과 시금치 퓨레, 당근 퓨레를 올려 완성한다.

 chef's advice

01. 오리고기 특유의 냄새를 잡고 싶다면 밑간할 때 생강, 타임, 월계수잎, 물, 레몬 또는 오렌지, 설탕, 소금, 통후추를 섞은 염지액에 하루 정도 담가두었다가 꺼낸 후 냉장고에서 하루 동안 말린다.

02. 오리고기는 고기 자체에서 기름이 많이 나오므로 구울 때 오일을 적게 사용하는 것이 좋다.

06. 취향에 따라 계피나 넛맥을 넣어도 좋다.

08. 퓨레의 농도를 걸쭉하게 만들고 싶을 때는 차가운 버터를 넣는다.

오리다리 콩피와 카슐레
Cuisse de canard confit, cassoulet

병아리콩으로 만든 카슐레를 곁들인 오리다리 콩피요리.
오리다리는 오리기름 혹은 올리브오일을 이용해 80℃ 정도의 온도에서
장시간 저온 조리하여 부드러운 육질을 만드는 것이 중요합니다.

■ 준비시간 20분 ■ 조리시간 120분 ■ 난이도 ★☆☆

1day

🔴 조리재료   ● 4인분

오리다리 2개, 올리브오일 500㎖, 치킨스톡 200㎖, 오리 쥐 20㎖, 월계수잎 1장, 타임 2g, 소금, 후추

가니시 당근 1개, 양파 1개, 병아리콩 100g, 토마토 퓌레 100g, 베이컨 4장, 타바스코 소스 2g

🔴 조리도구

칼, 도마, 냄비, 팬

01. 월계수잎과 타임, 통후추를 넣은 올리브오일에 오리다리를 담가 중불에 올려 2시간 동안 가열하여 콩피한다. 또는 80℃로 예열한 오븐에 약 8시간 동안 천천히 익혀 콩피할 수도 있다.

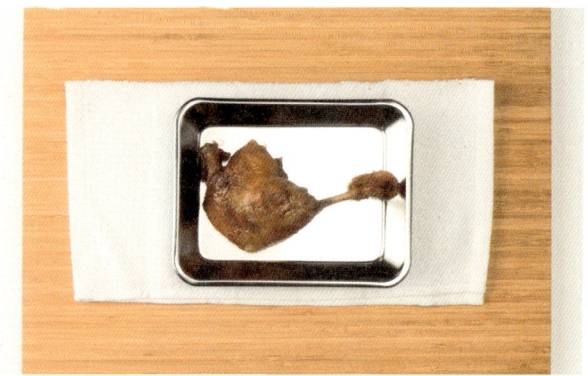

02. 콩피를 마친 오리다리는 기름에서 꺼낸 뒤 오리 쥐 소스를 발라 200℃로 예열한 오븐에 약 5분간 껍질이 바삭해질 때까지 굽는다.

가니시 - 카술레

03. 양파와 당근, 베이컨은 잘게 다진다.

04. 병아리콩은 하루 정도 물에 불려두었다가 치킨 스톡에 넣고 삶는다.

05. 팬에 베이컨을 볶아 기름을 낸다.

06. 베이컨에서 기름이 나기 시작하면 다진 양파와 다진 당근을 넣는다.

07. 병아리콩을 넣고 토마토 퓌레를 붓는다. 취향에 따라 타바스코 소스를 첨가한다. 끓는 동안 물이 졸아들면 치킨 스톡을 조금씩 더해가며 완전히 익혀 카술레를 만든다.

08. 카술레가 어느 정도 익으면 오븐용 그릇에 옮겨담고 200℃로 예열한 오븐에 병아리콩이 충분히 익을 때까지 약 30분간 더 익힌다.

09. 접시 바닥에 카술레를 깔고 콩피한 오리다리를 얹어 완성한다.

chef's advice

01. 콩피용 오리기름 만드는 법: 냄비에 고기가 들러붙지 않을 정도로 약간만 오일을 두른 뒤, 손질하고 남은 오리 껍질을 넣고 굽는다. 오리기름이 없거나, 준비한 오리기름이 부족하면 올리브오일 등을 섞어도 좋다.

08. 정통 카술레는 불린 백태와 소시지, 훈연한 통베이컨, 콩피한 오리다리 등을 이용하여 만들며, 고기를 구운 팬에 채소와 콩을 넣고 볶다가 토마토 퓌레, 육수를 넣어 볶는다. 마지막에 빵가루를 얹어 오븐에 구워내는데, 이때 뚜껑을 닫지 않으면 빵가루가 타버릴 수 있으므로 주의한다.

고기 | 191

바비큐 소스를 곁들인 통 삼겹살찜
Poitrine de cochon, patate douce, sauce barbecue

부드럽게 저온 조리한 통 삼겹살을 겉면만 바삭하게 익혀 바비큐 소스를 발라 먹는 요리입니다.
바비큐 소스를 만들때는 훈연 향이 재대로 배어나는 미국산 베이컨을 사용하는 것이 좋습니다.
가니시로는 고구마 퐁뒤와 고구마 퓌레, 고구마칩을 곁들입니다.
한 가지 재료를 다양한 방법으로 조리해 재미있는 식감을 살리는 것이 포인트입니다.

■ 준비시간 40분　■ 조리시간 60분　■ 난이도 ★☆☆

조리재료　4인분

통 삼겹살 500g, 양파 1개, 샬롯 2개, 레드 와인 100㎖, 토마토 1개, 베이컨 3장, 마늘 2쪽, 발사믹 비네거 50㎖, 케첩 50g, 버터 20g, 버섯 10g, 올리브오일 10㎖, 꿀 10㎖, 머스터드 소스 10g, 로즈마리 2g, 파슬리 2g, 타임 2g, 차이브 10g, 우스터 소스 2g, 소금, 후추

가니시　고구마 2개, 우유 100㎖, 미니 양배추 4개, 빵가루 20g

조리도구

칼, 도마, 볼, 찜기, 팬, 냄비, 믹서, 슬라이서

01. 통 삼겹살은 소금, 후추로 간한다. 마늘과 타임, 로즈마리를 찹하여 통 삼겹살 표면에 골고루 올리고, 공기가 들어가지 않도록 랩으로 감싼다.

02. 랩으로 감싼 통 삼겹살을 찜기에 넣고 중불에 1시간 정도 찐다.

03. 찜기로 찐 삼겹살은 랩을 벗겨 달군 팬에 기름을 두르고 껍질부터 익힌다. 어느 정도 색이 나기 시작하면 중불로 낮춰 속까지 익힌다.

04. 삼겹살 껍질에 색이 나면 로즈마리, 타임, 마늘과 버터를 넣고 아로제하며 모든 면을 바삭하게 익혀준다.

05. 바비큐 소스를 준비한다. (바비큐 소스 만드는 법은 298페이지 참조)

가니시 - 고구마 가니시 3종과 크러스트

06. 고구마 퓌레를 만든다. 껍질을 벗기고 큼직하게 썬 고구마가 잠길 정도로 우유를 붓고 버터 한 스푼, 타임을 넣어 삶는다.

07. 고구마가 푹 익으면 믹서로 갈아 퓌레를 만든다. 우유로 농도를 조절한다.

08. 고구마 퐁뒤를 만든다. 세로로 길게 반을 자른 고구마를 버터를 두른 냄비에 자른 단면부터 굽다가 색이 나기 시작하면 우유를 붓고 중불에서 속까지 익혀 건져낸다.

09. 고구마칩을 만든다. 슬라이서로 고구마를 얇게 썬다.

10. 얇게 썬 고구마를 기름에 튀긴다.

11. 크러스트를 만든다. 빵가루는 기름에 볶고, 베이컨은 바삭하게 구워 잘게 다져 차이브 찹과 함께 섞는다.

12. 고구마 퐁뒤 단면 위에 퓌레를 얹는다.

13. 퓌레 위에 튀겨낸 고구마칩을 꽂고 빵가루 크러스트를 뿌린다.

14. 완성된 고구마 가니시와 팬프라이한 삼겹살을 접시에 담고 바비큐 소스를 뿌려 완성한다. 미니 양배추 등의 채소를 곁들인다.

chef's advice

01. 소금, 후추 외에도 된장, 간장 등 여러 가지 소스를 이용해 마리네이드할 수도 있다. 랩으로 감쌀 때는 최대한 공기가 들어가지 않도록 여러 번 감싼다. 랩으로 감쌀 때는 먼저 랩을 한 겹 두른 후 이쑤시개, 칼 등으로 구멍을 내 공기를 뺀 다음 다시 한번 더 랩으로 감싸면 더욱 잘 밀폐된다.

03. 고기가 열기에 말리지 않도록 손으로 고기를 눌러 모양을 유지하는 것이 포인트. 옆면을 구울 때는 온도를 더 높여도 된다.

chef's tip
오리 손질법

집에서 직접 오리를 손질하는 방법으로, 닭 손질법도 동일합니다. 아래의 과정은 오리다리 콩피를 만들기 위해 손질한 오리 고기이므로 허벅지 부분의 살과 다리 부분을 따로 분리하지 않았습니다. 가금류 손질에 익숙지 않다면 부위별로 나뉘어 있는 것을 구매하거나, 구매처에 손질을 부탁해도 됩니다.

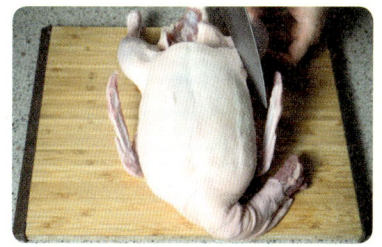

01. 오리는 배가 위를 향하도록 도마 위에 두고, 양 다리에 칼집을 낸다.

02. 다리와 연결된 연골 뼈를 잘라낸다.

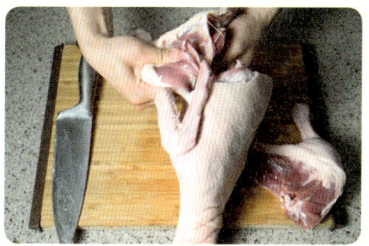

03. 다리 안쪽으로 척추 바로 옆까지 칼집을 내고 다리살을 잘라내기 쉽게 벌린다.

04. 뒤집어서 다리살을 완전히 분리한다.

05. 날개 끝부분은 가위로 잘라낸다.

06. 가슴과 배 부분을 세로로 길게 가른다.

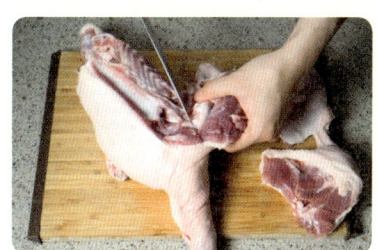

07. 가슴살과 갈비뼈 사이에 칼집을 내고 살을 분리한다.

08. 척추 바로 옆까지 완전히 분리한다.

09. 손질이 끝난 오리 고기 모습

오리 손질법 | 197

양갈비와 쿠스쿠스
Côte d'agneau, couscous, ratatouille

팬프라이한 양갈비에 쿠스쿠스와 구운 파프리카, 라타투유를 곁들인 요리로,
양갈비 특유의 풍미가 잘 살아 있는 요리입니다. 양갈비는 갈비 부분의 살을 깨끗이 제거하여 사용하면
고기가 타지 않고 깔끔한 맛을 냅니다.
조리용 실을 사용하여 고기 모양을 잡아도 좋습니다.

■ 준비시간 30분   ■ 조리시간 30분   ■ 난이도 ★☆☆

🔴 조리재료   ● 4인분

양갈비 4대, 미니 파프리카 2개, 버터 20g, 올리브오일 10㎖, 파슬리 2g, 타임 2g, 소금, 후추

가니시 토마토 1개, 샬롯 2개, 쿠스쿠스 100g, 치킨 스톡 100㎖, 건포도 5g

🔴 조리도구

칼, 도마, 볼, 팬

01. 양고기는 소금, 후추로 간하고 오일을 두른 팬에 센 불에서 표면을 시어링한다. 타임을 함께 넣어 풍미를 살린다.

02. 양면이 익으면 버터를 넣고 녹은 버터를 고기에 끼얹으면서 아로제한다. 앞면과 뒷면 외에 옆의 단면도 고루 익힌다.

03. 고기를 굽고 난 팬에 반을 자른 파프리카와 샬롯을 시어링한다.

가니시 – 쿠스쿠스

04. 쿠스쿠스와 치킨 스톡, 채소를 준비한다. 샬롯과 건포도는 잘게 다지고, 토마토는 속의 씨를 파내고 잘게 다진다. 파슬리도 찹으로 준비한다.

05. 치킨 스톡을 한소끔 끓여 쿠스쿠스에 붓는다. 쿠스쿠스가 익으면 잘게 다진 샬롯, 건포도, 토마토, 파슬리를 넣고 올리브오일과 소금, 후추로 간한다. (쿠스쿠스 사용법은 165페이지 참조)

06. 접시 바닥에 익혀서 간한 쿠스쿠스를 깔고 양고기를 올린 후 시어링한 파프리카와 샬롯을 곁들여 완성한다. 이때 피망에 라타투유를 곁들여도 좋다. (라타투유 만드는 법은 242페이지 참조)

비프 쥐를 곁들인 립아이 스테이크와 감자튀김
Entrecôte de bœuf

프랑스의 일반식당인 브라스리에서 가장 대중적인 스테이크 요리로, 프랑스인들이 부담없이 즐겨 먹는 메뉴 중 하나입니다. 스테이크와 감자튀김, 간단한 소스로 구성됩니다. 만드는 방법은 간단하지만 고기의 익힘 정도와 소스에 따라 다채로운 맛을 즐길 수 있습니다.

■ 준비시간 20분　■ 조리시간 30분　■ 난이도 ★☆☆

🔴 조리재료 · 4인분

꽃등심 400g, 감자 100g, 마늘 2쪽, 버터 20g, 비프 쥐 20㎖, 올리브오일 10㎖, 로즈마리 2g, 소금, 후추

가니시 단호박 1/4개, 생크림(또는 우유) 50㎖, 샬롯 1개, 그린빈 100g, 미니 양배추 2개, 감자튀김 100g

🔴 조리도구

칼, 도마, 팬, 튀김기

01. 그린빈은 꼭지를 떼고 소금물에 삶아 완전히 익힌다.

02. 그린빈이 익으면 건져내 먹기 좋은 크기로 썬다.

03. 꽃등심은 팬에 굽기 직전에 소금, 후추로 간한다.

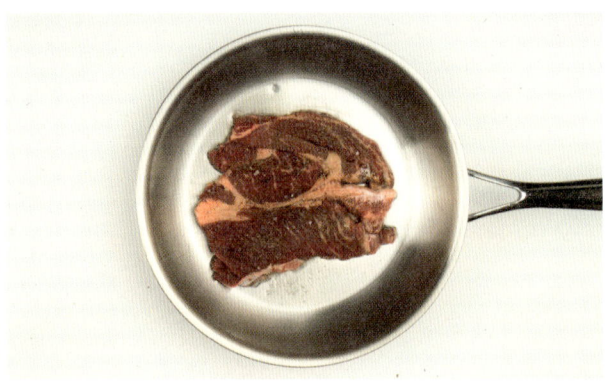

04. 오일을 두른 팬에 간한 꽃등심을 굽는다.

05. 한쪽이 색이 나면 고기를 뒤집고 로즈마리와 슬라이스한 마늘, 버터를 넣어 색이 나도록 굽는다.

06. 녹은 버터를 고기에 끼얹어 아로제힌다.

07. 샬롯과 미니 양배추는 반으로 잘라 한 겹씩 떼어 준비한다. 단호박은 먹기 좋은 크기로 썰고, 감자튀김은 큐브 모양으로 썬다.

08. 감자는 삶아서 먹기 좋은 크기로 썬다.

09. 오일을 두른 팬에 손질한 감자를 굽는다.

10. 감자 표면이 노릇해지기 시작하면 버터와 로즈마리를 넣고 겉이 바삭해지도록 아로제한다.

11. 큐브 모양으로 썬 감자튀김은 노릇하게 튀겨준다.

12. 오일을 두른 팬에 손질한 샬롯과 단호박을 굽는다.

13. 샬롯과 단호박의 단면이 노릇하게 색이 나기 시작하면 뒤집어준다.

14. 감자 퓌레를 만든다. (감자 퓌레 만드는 법은 246페이지 참조)

15. 감자 퓌레는 짤주머니에 넣어 준비한다. (짤주머니 사용법은 159페이지 참조) 접시 위에 가니시를 올릴 자리를 잡아 감자 퓌레를 짜낸다.

16. 감자 퓌레 사이로 데친 그린빈과 구운 샬롯, 단호박을 올린다.

17. 노릇하게 구운 스테이크를 접시에 얹는다.

18. 가니시 사이에 비프 쥐 소스를 뿌려 장식한다.

chef's advice

03. 두께에 따라 조금씩 다르지만 고기는 굽기 15~20분 전에 미리 상온에 꺼내 두어야 열이 고루 전해져 잘 익는다.

18. 비프 쥐 소스 외에도 기호에 맞는 여러 소스를 사용하면 된다. 대표적으로는 타르타르 소스, 베아르네즈 소스, 머스터드 소스 등이 있다.

19. 스테이크에 비프 쥬 소스를 뿌려 완성한다.

발사믹 소스를 곁들인 등심 스테이크와 방울토마토, 바질
Faux filet sauce balsamique, tomate, basilic

스테이크를 구워낸 팬에 발사믹 비네거를 넣어 졸인 소스와 방울토마토, 시금치를 가니시로 곁들인 등심 스테이크입니다. 스테이크를 구운 팬에 졸인 발사믹 비네거 소스가 진하게 어우러져 요리의 풍미를 극대화 시킵니다.

■ **준비시간** 20분 ■ **조리시간** 30분 ■ **난이도** ★☆☆

조리재료   4인분

채끝등심 400g, 방울토마토 15개, 미니 양배추 4개, 래디시 4개, 쪽파 4개, 마늘 2쪽, 비프 스톡 50㎖, 발사믹 비네거 50㎖, 버터 20g, 올리브오일 10㎖, 바질 5g, 로즈마리 2g, 소금, 후추

조리도구

칼, 도마, 팬

01. 쪽파는 흰 부분만 어슷썰기하고, 방울토마토는 반으로 자른다.

02. 미니 양배추는 먹기 좋게 한 잎씩 떼어 준비하고, 래디시는 얇게 슬라이스 한다.

고기   209

03. 채끝등심은 소금, 후추로 간한다.

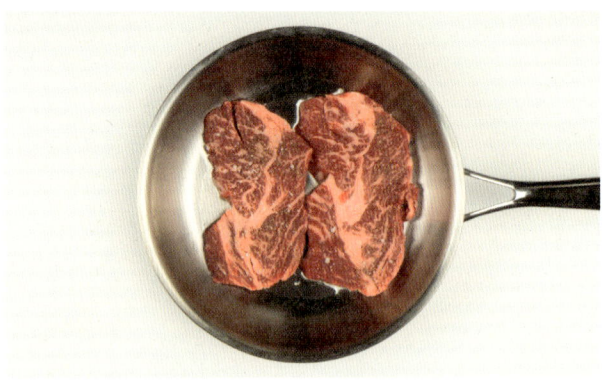

04. 올리브오일을 두른 팬을 달궈 밑간한 채끝등심을 올린다.

05. 스테이크 앞뒷면이 모두 색이 나면 로즈마리와 버터를 넣는다. 버터가 녹으면 스푼으로 버터를 고기 위에 끼얹어 가며 아로제한다.

06. 고기가 다 익으면 팬에서 빼내고, 발사믹 비네거를 부어 데글라세하여 발사믹 소스를 만든다.

07. 뻑뻑하면 비프 스톡을 넣고 팬 바닥에 눌어붙은 것을 떼어 잘 섞는다.

08. 농도를 맞춘 소스에 줄기를 떼고 잎부분만 남긴 바질과 먹기 좋게 썬 방울토마토를 넣고 함께 볶는다.

09. 접시에 고기를 담고 소스를 얹는다.

10. 슬라이스한 래디시와 손질한 미니 양배추, 어슷썰기한 쪽파를 올려 완성한다.

오소 부코
Osso buco

송아지 정강이 부위를 이용해 만드는 찜요리로, 송아지 정강이를 팬에 한 번 시어링한 후 토마토 소스를 이용해 브레이징한 요리입니다. 여기서는 소꼬리를 사용하였습니다.

■ 준비시간 20분 ■ 조리시간 60분 ■ 난이도 ★☆☆

조리재료　4인분

소정강이(또는 꼬리) 500g, 토마토 2개, 당근 2개, 셀러리 1단, 양파 2개, 밀가루 50g, 화이트 와인 1ℓ, 치킨 스톡 500㎖, 토마토 홀 200g, 토마토 페이스트 50g, 레몬 2개, 마늘 2쪽, 올리브오일 10㎖, 월계수잎 1장, 파슬리 5g, 타임 2g, 소금, 후추

가니시 폴렌타 100g

조리도구

칼, 도마, 냄비

01. 당근, 양파, 셀러리 줄기는 큐브 모양으로 썬다.

02. 소꼬리는 소금, 후추로 밑간하여 얇게 밀가루를 입힌다.

03. 오일을 두른 팬에 밀가루를 묻힌 소꼬리를 시어링하여 모든 면을 노릇하게 굽는다.

04. 고기가 노릇하게 색이 나면 냄비에서 고기를 빼고 큐브 모양으로 썬 당근과 셀러리, 양파를 넣어 색이 날 때까지 익힌다.

05. 채소가 색이 나면 고기와 토마토 홀, 토마토 페이스트를 넣고 수분이 날아갈 때까지 볶는다.

06. 고기에 수분이 모두 날아가면 화이트 와인과 치킨 스톡을 1:2의 비율로 고기가 잠기도록 부어준다. 타임과 월계수잎을 넣고 뚜껑을 닫은 후 중불에서 고기가 완전히 부드러워질 때까지 익힌다.

가니시 - 폴렌타

07. 폴렌타와 물을 1:5의 비율로 섞고 올리브오일과 소금, 후추로 간한다. (폴렌타 사용법은 165페이지 참조)

08. 접시에 간한 폴렌타를 깔아 자리를 잡아준다.

09. 바닥에 깐 폴렌타 위에 오소 부코를 올린다. 다진 마늘과 파슬리, 레몬 제스트와 큐브 모양으로 썬 토마토를 얹어 완성한다.

chef's advice

02. 고기를 밀가루로 코팅하면 추후 브레이징 시 육즙 손실이 적다. 밀가루는 가능한 얇고 균일하게 묻히는 것이 중요한데, 고기 표면에 밀가루를 묻힌 후 가볍게 털어주면 된다. 밀가루를 묻히기 전 재료 표면의 수분을 제거해주면 밀가루가 더욱 얇고 고르게 묻는다.

07. 폴렌타를 만들 때 더욱 부드러운 풍미를 느끼고 싶다면 물 대신 우유를 사용해도 좋다. 또는 파르메산 치즈를 넣어 점도를 더해도 좋다.

뵈프 부르기뇽
Boeuf bourguignon

부르고뉴 지방의 전통적인 대표 음식으로,
소고기를 부르고뉴의 레드와인과 함께 푹 익혀서 내는 스튜입니다.
이 지역에서 나는 최고급 품종의 소고기인 샤롤레^{Charolais}를 사용해
당근, 감자, 버섯 등을 넣고 오랫동안 끓입니다.

■ 준비시간 30분 ■ 조리시간 180분 ■ 난이도 ★★★

조리재료 4인분

소고기(지방이 없는 양지 또는 척아이롤) 1kg, 레드 와인 400g, 당근 1/2개, 소고기 육수 400g, 양파 1/2개, 마늘 2개, 부케 가르니 1개, 밀가루 30g, 셀러리 1줄, 파슬리 5g, 버터 50g, 식용유, 소금, 후추

가니시 당근 1개, 셀러리 2줄, 양파 1개, 감자 2개, 양송이버섯 2개, 통 베이컨 150g

조리도구

칼, 도마, 팬, 냄비, 체

01. 양지와 척아이롤을 2cm 정도의 큐브 사이즈로 손질한다.

02. 당근과 양파, 셀러리는 미르푸아로 썬다.

고기 217

03. 냄비에 식용유를 두르고 센불에서 손질한 고기의 모든 면을 골고루 익힌다.

04. 고기가 익으면 손질한 미르푸아 채소를 넣고 함께 익힌다.

05. 채소가 어느 정도 익으면 밀가루를 넣고 잘 섞는다.

06. 레드와인을 넣고 절반 정도 다운시킨 후, 소고기 육수와 버터, 부케 가르니를 넣고 약불에 은근하게 2시간 정도 끓인다.

07. 스튜가 다 익으면 체에 밭쳐 소스를 걸러내고 고기와 소스를 따로 담아놓는다.

가니시

08. 당근과 셀러리, 감자, 양파, 양송이버섯을 적당한 크기로 썬다.

09. 통 베이컨을 적당한 크기로 썬다.

10. 끓는 물에 소금을 넣고 셀러리를 데친다. 같은 방법으로 당근-감자-베이컨을 데친다.

11. 팬에 식용유를 두르고 양파를 갈색빛이 날 때까지 볶는다.

12. 팬에 식용유를 두르고 슬라이스한 양송이버섯을 굽는다.

13. 접시 바닥에 베이컨과 양파를 깔고 그 위에 소스 한 국자를 붓는다.

14. 그 위에 소고기와 가니시 채소를 올린다. 소스를 한 번 더 두르고 파슬리와 슬라이스한 양송이버섯을 얹는다.

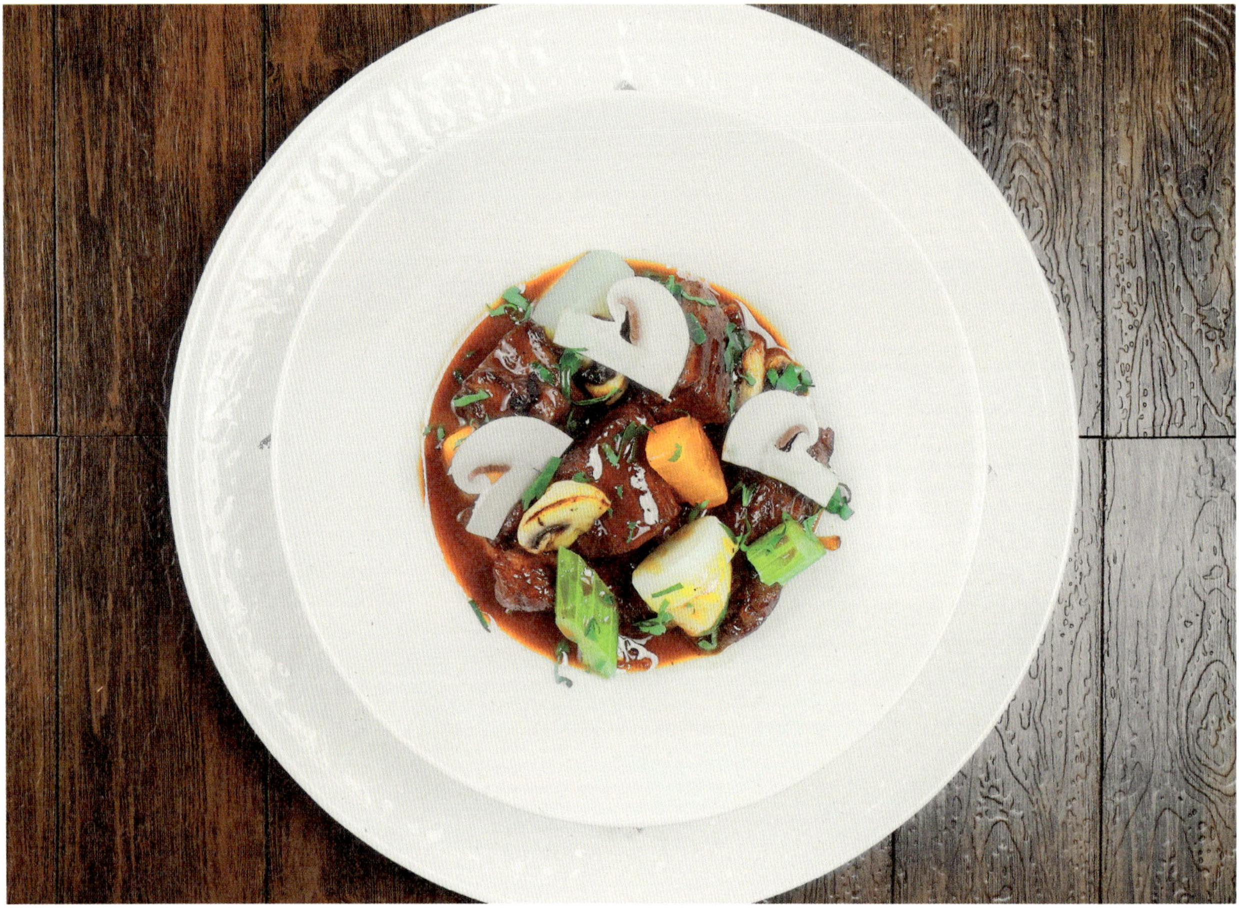

15. 완성

01. 지방이 없는 부위를 선택하는 것이 정석이지만, 가정에서 짧은 시간에 조리하고 싶다면, 립아이나 등심, 부채살 등 지방이 어느 정도 있는 부위를 사용해도 좋다. 이 책에서는 양지와 척아이롤, 두 가지 부위를 섞어서 사용한다.

03. 센불에서 모든 면을 골고루 익혀 최대한 육즙이 손실되지 않도록 주의한다.

04. 양파가 투명한 색을 띨 때까지 익히고, 색이 나지 않도록 잘 볶아준다.

06. 바닥이 타지 않도록 중간중간 젓는다. 냄비 대신 180℃로 예열된 오븐에 2시간 정도 조리하는 것도 좋다.

10. 베이컨을 물에 데치면, 팬에 익히는 것보다 기름기가 적어지고 향이 강하지 않아서 스튜 본연의 맛을 느낄 수 있다.

Garniture

가니시

가니시는 각 요리를 장식하는 부차적인 음식을 말합니다.
퓌레나 다양한 방식으로 조리한 채소, 해산물 등 모든 재료를 다 사용할 수 있으며,
주요리와의 조화와 영양 균형을 고려하여 곁들입니다.
주요리의 아래에 깔거나 주위를 두르기도 하고, 위에 올리기도 하는 등
재료에 따라 플레이팅 방식도 다양합니다.

고전적인 프렌치 요리에서는 요리마다 함께 곁들이는 가니시가 정해져 있기도 했습니다.
계절감을 살리거나 메인 식재료와 궁합을 맞춰서 곁들입니다

리옹식 감자볶음
Pommes de terre à la lyonnaise

고기로 속을 채운 토마토 오븐구이
Tomate farcie au four

감자 그라탱
Pomme dauphinoise

아스파라거스
Asperge

채소 글레이즈
Légumes glacés

라타투유
Ratatouille

감자 퓌레
Purée de pomme de terre

리옹식 감자볶음
Pommes de terre à la lyonnaise

프랑스 남부 리옹 지방에서 먹는 대표적인 가니시로,
볶은 감자에 베이컨과 양파, 차이브가 들어가는 가니시입니다.

■ 준비시간 20분   ■ 조리시간 10분   ■ 난이도 ★☆☆

조리재료   4인분

감자 400g, 잠봉(또는 베이컨) 4장, 양파 1개, 마늘 2쪽, 올리브오일 10㎖, 차이브 5g, 소금, 후추

조리도구

칼, 도마, 냄비, 팬, 튀김기

01. 양파는 채 썰고, 잠봉은 잘게 썬다. 차이브는 잘게 찹한다.

02. 감자는 소금과 통후추를 넣은 물에 80% 정도 삶는다.

03. 삶은 감자는 물기를 제거하고 적당한 크기로 썰어 튀김기에 튀긴다.

04. 감자의 표면이 노릇해지면 튀김기에서 꺼내 기름을 가볍게 턴다.

05. 팬에 버터를 넣고 튀김기에 튀긴 감자의 표면이 완전히 갈색이 될 때까지 볶는다.

 chef's advice

03. 튀김기가 없으면 바로 버터를 두른 팬에 색이 날 때까지 볶는다.

06. 양파는 감자를 볶을 때 마지막에 함께 넣고 살짝 볶아도 좋다.

06. 버터로 볶은 감자를 그릇에 담고 잘게 썬 잠봉과 양파를 올린 후 마지막으로 차이브 찹을 올려 완성한다.

고기로 속을 채운 토마토 오븐구이
Tomate farcie au four

속을 파낸 토마토 안에 간 고기와 각종 재료를 넣고 구워내는 요리.
조리법이 간단하여 레스토랑에서는 스텝밀로도 자주 먹습니다.

■ 준비시간 15분 ■ 조리시간 30분 ■ 난이도 ★☆☆

조리재료   4인분

토마토 8개, 간 고기 300g, 베이컨 4장, 샬롯 2개, 마늘 2쪽, 파르메산 치즈 50g, 버터 20g, 올리브오일 10㎖, 파슬리 2g, 로즈마리 2g, 커민 2g, 소금, 후추

조리도구

칼, 도마, 볼, 팬, 냄비, 오븐용 그릇

01. 스터핑 재료를 준비한다. 고기는 칼로 잘게 썰거나 갈아서 준비하고 로즈마리와 마늘은 찹한다. 베이컨은 큐브 모양으로 썬다.

02. 준비한 스터핑 재료를 볼에 넣어 치대어가며 섞고 소금, 후추로 간한다.

가니시

03. 토마토는 꼭지를 자르고 속을 파낸다.

04. 속을 파낸 토마토 안에 양념한 고기를 채우고 200℃로 예열한 오븐에 고기가 충분히 익을 때까지 약 20분간 익힌다.

05. 익힌 고기 위에 로즈마리를 얹어 완성한다. 방울토마토 등을 함께 곁들여도 좋다.

chef's tip
단호박 퓌레 만드는 법

단호박 퓌레는 다양한 요리에 가니시로 곁들이기 좋습니다. 당근 등의 단단한 채소로 만드는 퓌레 역시 과정이 동일하므로, 좋아하는 재료를 사용하여 퓌레를 만들어도 좋습니다.

01. 단호박은 반으로 갈라 속을 파내고 껍질을 벗긴 뒤 적당한 크기로 썬다.

02. 올리브오일을 두른 냄비에 단호박을 넣고 중불에 익힌다.

03. 단호박이 익으면 치킨 스톡과 생크림, 우유를 호박이 잠길 정도로 붓는다.

04. 단호박이 뭉그러질 정도로 푹 익혀 건져 내 믹서로 간다.

05. 단호박을 삶고 남은 3번의 크림을 조금씩 더해가며 농도를 조절한다.

06. 생크림과 우유 등으로 농도를 조절한다.

감자 그라탱
Pomme dauphinoise

얇게 슬라이스한 감자를 층층이 쌓아 크림과 우유를 넣고 오븐에서 익힌 그라탱으로,
겹겹이 씹히는 부드럽고 고소한 식감이 뛰어난 요리입니다.

■ 준비시간 20분   ■ 조리시간 60분   ■ 난이도 ★☆☆

조리재료 4인분

감자 2kg, 우유 100㎖, 생크림 100㎖, 그뤼에르 치즈 100g,
파르메산 치즈 100g, 버터 50g, 마늘 2쪽, 소금, 후추

조리도구

칼, 도마, 오븐용 그릇, 냄비, 그레이터, 슬라이서

01. 감자는 껍질을 벗기고 얇게 슬라이스한 후 찬물에 담가 전분기를 제거한다.

02. 그뤼에르 치즈는 그레이터를 이용해 잘게 간다.

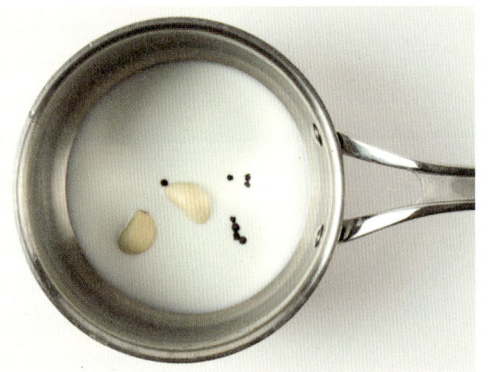

03. 냄비에 생크림과 우유를 붓고 마늘을 넣은 뒤 소금, 후추로 간하여 한번 끓여 마늘크림을 만든다.

04. 오븐용 그릇 안쪽에 버터를 골고루 바른다.

05. 버터를 바른 그릇에 슬라이스한 감자를 깐다. 그 위에 마늘크림과 잘게 간 그뤼에르 치즈, 베이컨 등을 올린 후 다시 감자를 얹는 방식으로 층층이 쌓는다. 층마다 소금, 후추로 간한다.

06. 마지막으로 파르메산 치즈를 갈아 덧뿌린다.

07. 은박지를 씌우고 200℃로 예열한 오븐에 약 50분간 익힌다.

08. 감자가 모두 익으면 은박지를 벗기고 마지막 층의 파르메산 치즈가 색이 날 때까지 한 번 더 굽는다.

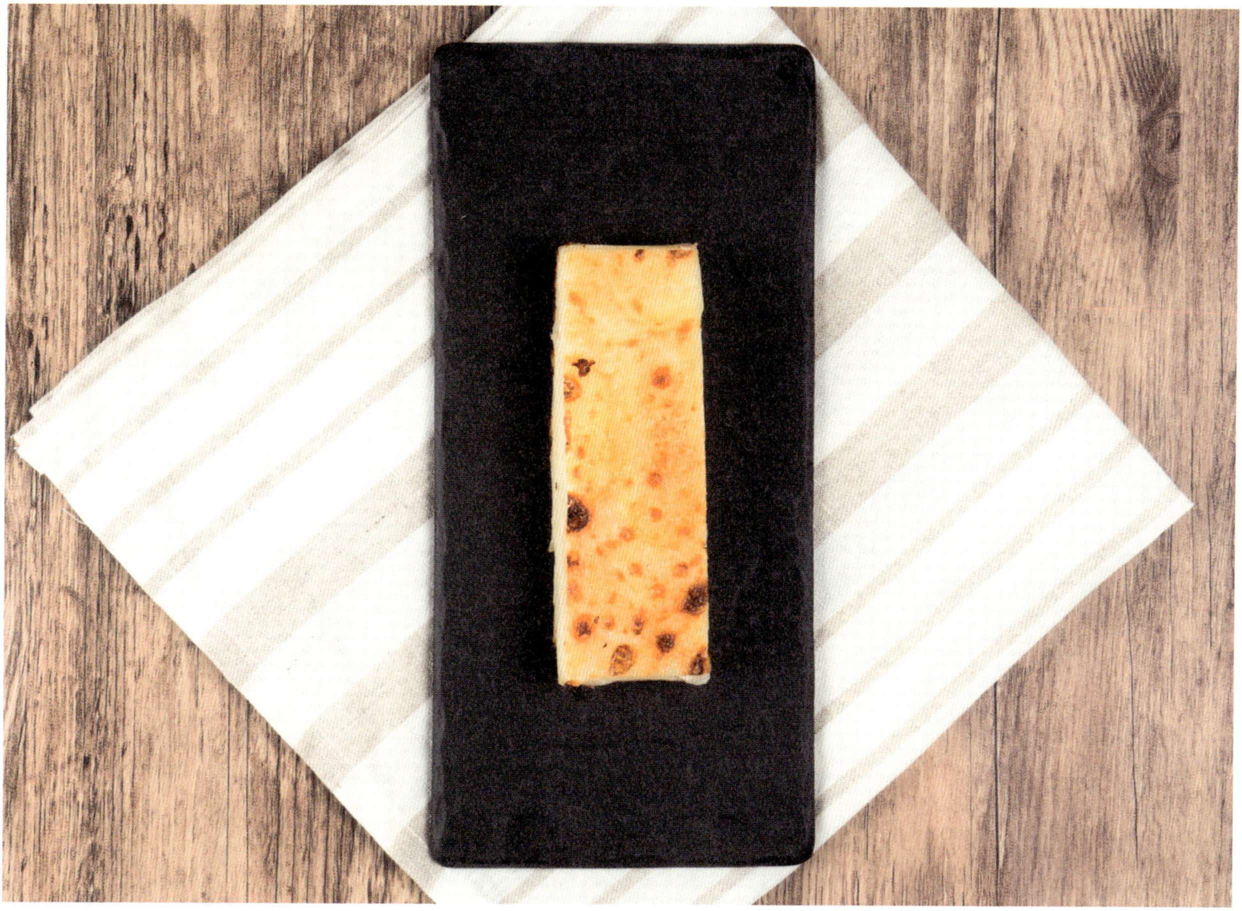

09. 그라탱이 식으면 깨끗하게 잘라서 접시에 담아 완성한다.

03. 간단하게 만들 때는 크림을 끓이는 과정을 생략하고 생크림만 사용할 수도 있다. 치즈의 풍미를 느끼고 싶다면 우유와 생크림을 끓일 때 약간의 그뤼에르 치즈를 함께 넣어도 좋다.

아스파라거스
Asperge

팬프라이한 아스파라거스에 블랙 올리브, 베이컨, 파르메산 치즈를 곁들인 가니시입니다.

■ **준비시간** 20분 ■ **조리시간** 10분 ■ **난이도** ★☆☆

🍴 조리재료 • 4인분

아스파라거스 500g, 베이컨 4장, 토마토 1개, 샬롯 2개, 블랙 올리브 10g, 파르메산 치즈 30g, 버터 50g, 올리브오일 10㎖, 소금, 후추

🍴 조리도구

칼, 필러, 도마, 팬

01. 아스파라거스는 먹기 좋은 크기로 썬 것과 작게 큐브 모양으로 썬 것 두 가지를 준비한다. 토마토는 데쳐서 껍질을 벗겨 큐브 모양으로 썰고, 블랙 올리브는 슬라이스한다. 샬롯은 잘게 다진다.

02. 올리브오일을 두른 팬에 다진 샬롯과 베이컨을 볶아 기름을 낸다.

가니시 235

03. 베이컨에서 기름이 나오면 두 가지 크기로 썬 아스파라거스를 넣고 볶는다. 소금, 후추로 간하고 차가운 버터를 넣어 농도를 맞춘다.

04. 큐브 모양으로 썬 토마토와 슬라이스한 블랙 올리브는 가장 마지막에 넣어 볶는다.

05. 파르메산 치즈는 필러로 얇게 슬라이스한다.

chef's advice

01. 아스파라거스를 손질할 때는 밑둥의 흰 부분과 싹을 제거한다.

04. 아스파라거스가 잘 익지 않을 때는 스톡 혹은 물을 약간 넣어 뚜껑을 닫고 끓여 증기로 익힌다.

06. 볶은 아스파라거스와 채소를 그릇에 담고 슬라이스한 파르메산 치즈를 얹어 완성한다.

채소 글레이즈
Légumes glacés

글레이징이란 살짝 데친 채소를 스톡 또는 물에 차가운 버터를 넣고 조리하는 방식으로,
전통적인 프랑스식 채소 조리법입니다.
글레이징할 때는 단단한 뿌리 채소를 이용하는 것이 좋습니다.

■ 준비시간 20분　■ 조리시간 10분　■ 난이도 ★☆☆

조리재료　4인분

당근 1개, 가지 1개, 주키니 1개, 그린빈 10개, 파프리카 1개, 아스파라거스 1단, 샬롯 4개, 완두콩 50g, 치킨 스톡 5㎖, 버터 5g, 소금, 후추

조리도구

칼, 도마, 팬, 냄비

01. 당근, 가지, 주키니, 그린빈, 파프리카, 아스파라거스, 샬롯은 일정한 크기로 썰고, 완두콩은 씻어서 물기를 빼고 준비한다.

02. 적당한 크기로 썬 당근을 소금물에 데친다.

03. 채소마다 익는 속도가 모두 다르므로 단단한 채소부터 무른 채소 순서로 시간을 두고 넣어 소금물에 데친다.

04. 손질한 채소가 모두 익으면 건져서 바로 찬물에 식힌다.

05. 팬에 치킨 스톡을 붓고 한소끔 끓여 졸인 후 차가운 버터를 넣어 글레이징용 버터를 만든다.

06. 녹인 버터에 데친 채소를 넣어 글레이징하고 소금, 후추로 간한다.

chef's advice

04. 데친 뒤 바로 찬물에 식혀야 채소의 색이 변하지 않는다.

05. 버터와 스톡의 농도는 약간 걸쭉한 정도가 되도록 한다.

06. 코팅된 채소를 식혀보면 버터 코팅이 잘 되었는지 알 수 있다. 버터가 부족하면 코팅이 흘러내리고, 버터가 많으면 뭉친다.

07. 글레이징한 채소를 그릇에 담아 완성한다.

라타투유
Ratatouille

프로방스 지역의 대표적인 요리로, 가지, 주키니, 피망, 토마토 등의 채소에 허브, 올리브오일을 넣고 뭉근히 끓여 만든 스튜입니다. 주로 여름철에 메인 요리에 사이드 디시로 곁들이거나 전채 요리 또는 가벼운 식사로 먹으며, 로제 와인을 곁들입니다. 전통적인 방식에 따르면 채소를 푹 익혀 뭉근하게 끓여 만들지만, 여기에서는 한국인의 입맛에 맞춰 아삭한 식감을 살렸습니다.

■ 준비시간 30분 ■ 조리시간 20분 ■ 난이도 ★☆☆

조리재료 4인분

토마토 10개, 피망(또는 파프리카) 2개, 주키니 2개, 가지 2개, 양파 1개, 마늘 4쪽, 파르메산 치즈 50g, 토마토 퓌레 200g, 올리브오일 10㎖, 월계수잎 1장, 소금, 후추

조리도구

칼, 도마, 냄비, 몰드

01. 주키니와 가지는 원통형으로 잘라 길게 4등분하여 가운데 씨 부분을 빼낸다. 남은 부분은 큐브 모양으로 썬다.

02. 양파, 파프리카, 토마토도 큐브 모양으로 썬다.

가니시 243

03. 올리브오일을 두른 팬에 채소를 각각 따로 볶아낸다. 채소를 볶을 때는 색이 나지 않게 중불에서 볶고, 각 채소에 약간씩 간한다.

04. 토마토소스를 준비한다. (토마토소스 만드는 법은 295페이지 참조)

05. 냄비에 따로 볶아낸 3번의 채소와 작게 썬 토마토, 토마토소스, 마늘, 월계수잎을 넣고 볶는다. 매운 맛을 첨가하고 싶다면 타바스코 소스나 고운 고춧가루를 더해도 좋다.

06. 가지와 주키니의 남은 부분을 얇게 슬라이스하여 끓는 물에 약 10~15초간 포칭한다.

07. 접시 위에 몰드를 올려 자리를 잡고, 몰드의 벽을 따라 슬라이스하여 포칭한 가지와 주키니를 둥글게 돌려 세운다.

08. 가지와 주키니의 모양이 잡히면 몰드 안을 라타투유로 채운다.

09. 라타투유를 채워 모양이 완성되면 몰드를 빼내고 파르메산 치즈를 뿌려 완성한다.

감자 퓌레
Purée de pomme de terre

다양한 요리의 가니시로 곁들이기 좋은 감자 퓌레.
버터와 생크림을 아낌없이 사용하여 적당히 크리미한 식감을 내는 것이 포인트입니다.

■ 준비시간 10분 ■ 조리시간 20분 ■ 난이도 ★☆☆

조리재료 4인분

감자 1kg, 버터 100g, 생크림 100㎖, 그뤼에르 치즈 50g, 파르메산 치즈 20g, 마늘 1쪽, 월계수잎 1장, 타임 2g, 소금, 후추

조리도구

칼, 도마, 냄비, 고운 체, 그레이터

01. 소금, 통후추, 통마늘, 월계수잎, 타임을 넣은 물에 껍질을 벗기지 않은 감자를 삶는다.

02. 감자가 다 익으면 껍질을 벗기고 뜨거울 때 바로 고운 체에 거른다.

03. 체에 거른 감자에 포마드 상태의 버터(53페이지 참조)를 넣고 잘 섞는다.

04. 버터를 섞은 감자를 소금, 후추로 간하고 생크림을 넣어 섞는다.

05. 생크림으로 퓌레의 농도를 조절한다.

06. 퓌레에 그레이터로 잘게 간 파르메산 치즈와 그뤼에르 치즈를 섞는다.

07. 완성된 감자 퓌레를 짤주머니에 담아 접시에 담는다. (짤주머니 사용법은 159페이지 참조)

 chef's advice

01. 감자는 껍질째 쿠킹호일로 감싸 오븐에 구워도 된다.

08. 모양을 잡은 감자 퓌레 위에 후추와 잘게 간 파르메산 치즈를 올려 완성한다.

Brunch
브런치

브런치는 아침(breakfast)과 점심(lunch)의 합성어로, 오전 11시부터 오후 3시 사이에 먹는 식사를 말합니다. 점심에 준하는 간단한 음식들이 대부분으로, 프렌치토스트나 크로크무슈처럼 만들기 쉽고 대표적인 프렌치 요리로 구성하였습니다.

코코트에 익힌 채소와 계란
Œuf cocotte

크로크무슈
Croque-monsieur

프렌치 토스트
Pain perdu

훈제연어 베이글
Begles au saumon fumé

에그 베네딕트
Œufs Bénédicte

팬케이크
Galette de salé

코코트에 익힌 채소와 계란
Œuf cocotte

오븐용 그릇에 시금치와 토마토 켜켜이 넣고 날계란을 올려 오븐에 익힌 요리로,
일반적으로 먹는 오믈렛과는 또 다른 스타일의 프랑스식 계란 요리입니다.

■ 준비시간 10분　■ 조리시간 20분　■ 난이도 ★☆☆

조리재료　4인분

계란 4개, 시금치 100g, 방울토마토 8개, 베이컨 4장, 그뤼에르 치즈 50g, 올리브오일 10㎖, 트러플오일 5㎖, 소금, 후추

가니시 어린잎 샐러드 100g, 식빵 2장, 차이브 5g

조리도구

칼, 도마, 냄비, 오븐용 그릇

01. 시금치는 줄기 부분을 잘라내고 잎 부분만 남겨 손질한다.

02. 손질한 시금치를 브라운 버터로 빠르게 볶아 소금, 후추로 간한다.

03. 베이컨은 팬에 노릇하게 구워 먹기 좋은 크기로 썬다.

04. 오븐용 그릇에 볶은 시금치를 깔고 반으로 자른 방울토마토를 얹은 후 구운 베이컨을 올린다.

05. 마지막으로 날계란을 올리고 200℃로 예열한 오븐에 약 15분간 익힌다.

06. 식빵은 먹기 좋은 크기로 썰어 오일을 두른 팬에 노릇하게 굽는다.

07. 노른자가 반숙처럼 익으면 소금, 후추로 간하고 차이브 찹, 베이컨 찹, 그뤼에르 치즈와 트러플오일을 뿌린 후 구운 식빵을 곁들여 완성한다.

크로크무슈
Croque-monsieur

토스트한 빵 위에 베샤멜 소스를 바르고 그 위에 그뤼에르 치즈 또는 에멘탈 치즈와 햄을 올려 오븐에 치즈를 멜팅시켜 먹는 따뜻한 샌드위치입니다.
프랑스의 카페나 바 등에서 간단하게 먹을 수 있는 메뉴로, 대중적으로도 널리 알려져 있으며 위에 계란 프라이를 얹으면 크로크마담 *croque madame* 이라고 부릅니다.

■ 준비시간 10분　■ 조리시간 10분　■ 난이도 ★☆☆

조리재료　4인분

식빵 12장, 그뤼에르 치즈 200g, 모차렐라 치즈 200g, 슬라이스 햄 4장, 체다 슬라이스 치즈 4장, 베샤멜 소스 100㎖, 코니숑 50g, 할라피뇨 20g

조리도구

칼, 도마

01. 구운 빵에 베샤멜 소스(만드는 방법은 291페이지 참조)를 바르고 모차렐라 치즈를 얹은 후 그뤼에르 치즈를 뿌린다.

02. 200℃로 예열한 오븐에 치즈가 녹을 때까지 약 2~3분간 굽는다.

03. 코니숑과 할라피뇨는 잘게 썬다.

04. 녹은 치즈를 올린 빵 위에 슬라이스 치즈, 슬라이스 햄, 다진 코니숑과 할라피뇨를 올린다. 같은 식으로 재료를 올린 빵을 2층으로 얹고, 맨 위에 모차렐라 치즈만 올려 구워낸 빵을 한 장 더 얹어 3층으로 완성한다.

05. 크로크무슈를 먹기 좋은 크기로 썰어 접시에 담아 완성한다. 어린잎 샐러드를 곁들여도 좋다.

chef's tip
수란 만드는 법

수란은 달걀을 물에 깨트려 넣고 흰자 부분만 익혀 만드는 계란 요리로, 만들 때 흰자가 쉽게 풀어지지 않도록 끓는 물에 식초를 첨가합니다. 수란을 만들 때는 날계란을 미리 까서 준비하면 쉽게 만들 수 있으며, 끓는 물에서 시간을 정확히 맞추어 건져내는 것이 중요합니다.

01. 물 1ℓ에 약 50㎖의 식초를 넣고 물을 끓인다.

02. 물을 국자로 한번 휘저은 뒤 미리 까놓은 계란을 넣는다.

03. 2분~2분 30초간 익힌다.

04. 계란 흰자 부분이 익어 모양이 잡히면 수란을 건져낸다.

05. 수란의 가장자리를 잘라 모양을 다듬는다.

06. 완성된 수란의 모습

프렌치 토스트
Pain perdu

생크림과 계란, 바닐라 슈가를 섞어 만든 계란물에 푹 담가 살짝 구워낸 프렌치 토스트. 베리 콩포트를 곁들여 새콤함을 더합니다. 베리 외에도 다양한 제철 과일을 곁들여도 좋습니다.

■ 준비시간 10분　■ 조리시간 10분　■ 난이도 ★☆☆

조리재료　4인분

식빵(또는 브리오슈) 12장, 우유 100㎖, 계란 3개, 버터 150g, 설탕 30g, 바닐라 슈가 10g, 바닐라 파우더 5g, 슈가 파우더 5g, 시나몬 파우더 5g, 냉동베리 50g

조리도구

칼, 도마, 볼, 팬, 고운 체, 휘퍼, 몰드

01. 볼에 계란과 우유, 설탕과 시나몬 파우더를 넣고 섞는다. 바닐라 파우더와 바닐라 슈가는 기호에 따라 적절히 넣는다.

02. 식빵은 몰드 등으로 보기 좋게 자른다.

03. 설탕, 시나몬 파우더 등으로 간한 1번의 계란물에 식빵을 적신다.

04. 정제버터(만드는 방법은 135페이지 참조)를 두른 팬에 계란물에 적신 식빵을 굽는다.

05. 빵의 양면이 갈색이 나도록 익힌다.

06. 베리 콩포트를 만든다. 물과 설탕을 1:1의 비율로 섞고 끓여 시럽을 만든다. 이때 팔각 등을 함께 넣으면 더욱 좋다.

07. 베리 또는 준비한 과일을 설탕시럽에 넣고 끓인다.

chef's advice

01. 설탕과 계란은 휘퍼로 충분히 섞고, 우유는 반드시 차갑게 하여 준비한다. 바닐라 파우더와 슈가 대신 오렌지 제스트나 에센스를 이용해도 좋다.

07. 딸기는 쉽게 물러지므로 콩포트용으로 적합하지 않다. 껍질이 단단한 베리나 건포도, 말린 무화과, 말린 대추, 말린 자두 등 말린 과일이 좋다.

08. 버터에 구운 프렌치 토스트와 베리 콩포트를 곁들이고 슈가 파우더를 뿌려 완성한다. 기호에 따라 생과일을 곁들여도 좋다.

훈제연어 베이글
Begles au saumon fumé

토스트한 베이글 위에 허브를 섞은 크림치즈를 바르고
레몬 오일로 마리네이드한 연어를 올린 샌드위치입니다.
베이글 대신 잉글리시 머핀, 브리오슈 등 다양한 빵을 사용해도 좋습니다.

■ 준비시간 10분 ■ 조리시간 10분 ■ 난이도 ★☆☆

조리재료 4인분

베이글 4개, 훈제연어 200g, 크림치즈 100g, 아보카도 2개, 블랙 올리브 10개, 어린잎 샐러드 50g, 완두콩 20g, 레몬 2개, 샬롯 10g, 올리브오일 50㎖, 케이퍼 10g, 소금, 후추

조리도구

칼, 도마, 볼, 냄비, 팬

01. 훈제연어는 2mm 정도 두께로 얇게 슬라이스한다.

02. 블랙 올리브와 샬롯, 아보카도는 얇게 슬라이스한다.

브런치

03. 슬라이스한 샬롯은 찬물에 담가 매운 기를 빼고, 아보카도는 표면에 레몬즙을 뿌려 갈변을 막는다.

04. 완두콩을 데친다.

05. 베이글은 가로로 반으로 자른다.

06. 반으로 자른 베이글을 오븐토스터나 팬 등으로 노릇하게 굽는다.

07. 토스트한 베이글 위에 크림치즈를 바른다.

08. 크림치즈 위에 훈제연어를 말아 올려 자리를 잡고 슬라이스한 아보카도를 함께 올린다.

09. 슬라이스한 블랙 올리브와 데친 완두콩, 매운 기를 뺀 샬롯을 얹고, 연어 위에는 케이퍼를 올린다.

10. 어린잎 샐러드를 곁들이고 연어 위에 레몬 제스트(41페이지 참조)를 뿌린다.

11. 연어를 올린 베이글을 접시에 담아 완성한다.

브런치

에그 베네딕트
Œufs Bénédicte

포칭한 계란을 브리오슈 토스트 위에 올리고 홀랜다이즈 소스를 얹어 먹는 대중적인 브런치 요리입니다. 에그 베네딕트의 기원에 대해서는 다양한 설이 존재합니다. 대표적으로 은퇴한 증권중개인인 레무엘 베네딕트가 숙취 해소를 위해 호텔에 요청했던 레시피가 굳어진 것이라는 설, 또는 에드워드 몽고메리라는 사람이 베네딕트 준장을 기리기 위해 만들었다는 설이 있습니다.

■ 준비시간 10분   ■ 조리시간 20분   ■ 난이도 ★☆☆

조리재료 4인분

브리오슈(또는 머핀) 4개, 달걀(수란) 8개, 버터 200g, 홀랜다이즈 소스 100㎖, 베이컨 4장, 시금치 50g, 컬러 방울토마토 10g, 어린잎 샐러드 20g, 소금, 후추

조리도구

칼, 도마, 냄비, 팬, 국자, 휘퍼, 몰드

01. 브리오슈는 몰드 등을 이용하여 포칭한 달걀이 올라갈 수 있는 크기로 자른다.

02. 적당한 크기로 자른 빵은 오일을 두른 팬에 노릇하게 굽는다.

03. 시금치는 줄기를 떼고 잎 부분만 남겨 손질하고, 컬러 방울토마토는 슬라이스한다.

04. 이파리만 남겨 손질한 시금치는 브라운 버터에서 볶는다.

05. 베이컨은 노릇하게 구워 빵 위에 얹기 좋은 크기로 썬다.

06. 계란은 수란으로 준비한다. (수란 만드는 법은 259페이지 참조)

07. 노릇하게 구운 빵 위에 익힌 베이컨을 깔고 볶은 시금치를 올린다.

08. 맨 위에 수란을 올린다.

09. 수란 위에 홀랜다이즈 소스를 얹는다. (홀랜다이즈 소스 만드는 법은 293페이지 참조)

10. 홀랜다이즈 소스를 토치로 살짝 그을려 노릇하게 색을 내면 좋다.

11. 홀랜다이즈 소스를 올린 에그 베네딕트를 그릇에 담고 어린잎 샐러드를 곁들여 완성한다.

팬케이크
Galette de salé

시판되는 팬케이크 반죽을 사용해 집에서 간단하게 만들 수 있는 브런치입니다.
레시피에 나와 있는 재료 외에도 얼마든지 다른 재료를 활용해 다양한 방식으로 즐길 수 있습니다.
셰프의 팬케이크 반죽 레시피를 따라 만들면 더욱 고급스러운 맛의 팬케이크를 맛볼 수 있습니다.

■ 준비시간 10분 ■ 조리시간 20분 ■ 난이도 ★☆☆

조리재료 4인분

팬케이크 반죽 500g, 훈제 연어 120g, 토마토 2개, 사워크림 50㎖,
플레인 요거트 1개, 아보카도 2개, 파슬리 10g, 달걀 4개, 버터 50g,
어린잎 샐러드 100g, 프로슈토햄 슬라이스 4개, 발사믹 글레이즈, 소금, 후추

조리도구

칼, 도마, 코팅팬

01. 껍질과 씨를 제거한 아보카도와 토마토, 연어를 슬라이스한다.

02. 간편하게 시판되는 반죽을 구매하여 팬케이크 반죽을 만든다.
(만드는 방법은 시판되는 반죽 포장 뒷면을 참고한다.)

03. 코팅팬을 달군 후 팬케이크 반죽을 적당한 크기로 붓는다. 기포가 올라오면 뒤집는다.

04. 달걀은 프라이팬에 서니사이드업으로 익힌다.

05. 접시에 팬케이크를 올리고 사워크림을 바른다.

06. 그 위에 슬라이스한 아보카도와 훈제연어, 어린잎샐러드를 올린다. 발사믹 글레이즈와 플레인요거트를 뿌려 완성한다.

07. 또 다른 접시에 팬케이크를 올리고 슬라이스한 토마토와 아보카도, 프로슈토햄을 올린다.

08. 그 위에 달걀프라이와 어린잎샐러드를 올리고 후추를 뿌려 완성한다.

09. 완성

chef's advice

02. 시판되는 반죽이 아니라 셰프의 팬케이크 반죽 레시피를 따라 만들면 더욱 맛있고 고급스러운 팬케이크를 만들 수 있다.

① 볼에 상온에 녹인 버터 84g과 설탕 105g을 넣고 거품기로 섞는다.
② 푼 달걀 225g과 우유 300g을 넣고 섞는다.
③ 어느 정도 섞이면 밀가루 337g과 베이킹파우더 22g을 조금씩 넣어가면서 섞는다.

Appendix
부록

1. 육수
Stock

2. 소스
Sauce

3. 프렌치 주방 용어
Glossary

Appendix 1
육수

스톡(stock)이라고 하며, 소스나 찜요리를 만들 때 기본이 되는 육수입니다.
고기, 생선 등을 뼈째 볶아낸 뒤 물을 넣어 끓여내거나,
재료를 통째로 넣고 삶아낸 국물을 말합니다.
한번에 많은 양을 만들어낼 수 있으므로,
남은 육수는 1회 분량으로 나누어 얼려두었다가
필요할 때 해동하여 사용합니다.
대형 마트 등에서는 큐브 형태로 굳혀 만든 스톡을 판매하기도 하므로,
직접 만들어 사용하기 부담스럽다면 시판 스톡을 사용해도 좋습니다.

채소 육수 Fond de légumes

주방에서 물 대신 사용하는 스톡으로, 적당한 크기로 썬 채소를 오일에 볶아 물에 끓여 만드는 스톡입니다. 물에 채소를 넣고 함께 끓이는 방식과, 채소를 먼저 색이 나지 않도록 볶은 후 물을 넣고 끓이는 방식의 2가지가 있습니다.

01. 채소를 적당한 크기로 썬다.

02. 올리브오일을 두른 냄비에 손질한 채소를 넣고 색이 나지 않도록 저어가며 익힌다.

준비시간 : 10분
조리시간 : 30분

조리재료

당근 50g
양파 50g
파 20g
셀러리 20g
펜넬 10g
파슬리 줄기 5g
올리브오일 5mℓ
부케가르니 1개
물 3ℓ
소금, 후추

03. 채소가 익으면 물을 붓고 후추와 부케가르니를 넣은 후 중불에 40분 정도 끓인다.

04. 채소를 체에 거른다.

조리도구

칼, 도마, 냄비, 체

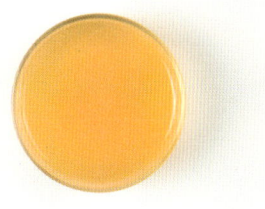

05. 완성된 육수는 냉동하여 보관하면 필요할 때마다 녹여 쓸 수 있다.

chef's advice

02. 채소를 볶는 과정을 거쳐 만든 육수는 연한 갈색을 띤다. 맑은 채소육수를 만들 때는 채소를 볶지 않고 물에 삶으면 된다.

생선 육수 Fumet de poisson

흐르는 찬물에 핏물을 제거한 생선의 뼈나 머리를 채소 가니시와 함께 끓여낸 맑은 생선 육수로, 주로 생선 요리에 소스나 콩소메 등을 만들 때 베이스로 사용합니다. 기본적으로는 맑은 육수이며, 소고기 육수처럼 뼈를 한번 구워 갈색 육수로 만들 수도 있습니다.

준비시간 : 20분
조리시간 : 40분

조리재료

생선 뼈 2kg
양파 50g
당근 30g
펜넬 20g
파 20g
셀러리 20g
오일 5㎖
파슬리 줄기 2g
부케가르니 1개
물 3ℓ
소금, 후추

조리도구

칼, 도마, 냄비, 체

chef's advice

01. 생선은 흐르는 물에 핏물이 빠질 때까지 둔다. 생선을 담가놓은 물을 3~4번 바꾸어가며 핏물을 빼도 된다.

03. 물을 넣고 끓일 때 거품이 올라오면 제거해주면서 조리한다.

04. 생선육수는 고기육수와 달리 장시간 조리하지 않는다.

01. 생선 뼈는 흐르는 찬물에 담가 핏물을 제거한다.

02. 채소는 적당한 크기로 썬다. 양파는 반을 잘라 오일을 두르고 달군 팬에 단면을 태운다.

03. 찬물에 생선 뼈를 넣고 끓인다.

04. 생선 뼈가 익으면 적당한 크기로 썬 채소와 부케가르니를 넣고 중불에 40분 정도 끓인다.

05. 생선 뼈와 채소를 체에 거른다.

06. 완성된 육수는 냉동하여 보관하면 필요할 때마다 녹여 쓸 수 있다.

조개 육수 Jus de coqillage

바지락이나 홍합 등 다양한 조개를 사용해 만들 수 있는 육수입니다.
생선이나 해산물 요리 등에 다양하게 활용할 수 있습니다.

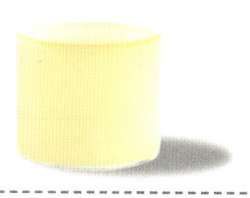

01. 바지락과 홍합 등의 조개를 소금물에 하루 정도 담가 해감한 후 흐르는 물에 깨끗이 씻는다.

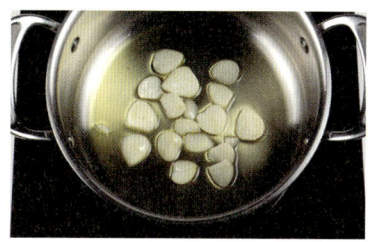

02. 냄비에 올리브오일을 두르고 충분히 달군 후 슬라이스한 마늘을 넣고 볶는다.

준비시간 : 5분
조리시간 : 15분

조리재료

바지락(또는 홍합) 2kg
마늘 2개
화이트와인 200g
타임, 올리브오일

03. 마늘이 어느 정도 볶아지면 조개를 넣고 볶는다.

04. 조개가 입을 벌리기 시작하면 화이트와인과 타임 등의 향신료를 넣는다. 냄비 뚜껑을 덮고 조개가 안전히 익을 때까지 끓인다.

조리도구

칼, 도마, 팬, 냄비, 체

05. 조개를 고운 체에 거른다.

06. 완성된 육수는 냉동하여 보관하면 필요할 때마다 녹여 쓸 수 있다.

chef's advice

02. 마늘 외에 샬롯이나 셀러리 줄기 등을 넣어도 좋다.

03. 조개는 반드시 냄비를 뜨겁게 달군 상태에서 넣어야 한다.

소고기 육수 Fond de bœuf

소의 뼈를 구워 색을 내고 채소 가니시와 물을 넣고 끓여 찌꺼기를 걸러 만드는 브라운 스톡으로, 가장 기본적인 소고기 육수입니다. 소고기를 이용한 소스나 소고기 브레이징을 할 때 사용되는 기본 육수입니다.

준비시간 : 30분
조리시간 : 120분

조리재료

소고기(잡뼈) 1kg
양파 100g
파 30g
당근 50g
셀러리 20g
오일 10㎖
부케가르니 1개
물 3ℓ
소금, 후추

조리도구

칼, 도마, 냄비, 체

01. 고기는 흐르는 물에 핏물이 빠질때까지 둔다. 고기를 담가놓은 물을 3~4번 바꾸어가며 핏물을 빼도 된다.

08. 모든 육수에 공통적으로 사용되는 부케가르니는 대파의 파란 부분을 갈라 안에 타임, 월계수잎, 이태리 파슬리 등을 넣고 조리용 실로 묶어서 만든다. 조리용 실이 없으면 다시팩을 사용해도 된다.

01. 소고기는 물에 담가 핏물을 뺀다.

02. 채소는 적당한 크기로 썬다. 양파는 반을 잘라 오일을 두르고 달군 팬에 단면을 태운다.

03. 소고기 표면에 오일을 바르고 200℃로 예열한 오븐에 뼈가 완전히 갈색이 나도록 굽는다.

04. 겉면이 갈색을 띠면 냄비에 넣는다.

05. 냄비에 오븐에 구운 고기와 손질한 채소, 버터를 넣고 한번 볶는다.

06. 완전히 색이 나면 체에 밭쳐 기름을 거르고 냄비에 물을 살짝 부어 바닥에 눌어붙은 부분을 긁어 잘 섞는다.

07. 체에 밭친 재료를 다시 냄비에 넣고 재료가 잠길 정도로 물을 붓는다.

08. 부케가르니를 넣고 중불에 2시간 정도 끓인다.

09. 고기와 채소를 체에 거른다.

10. 육수를 면보나 필터 등으로 거른다.

11. 완성된 육수는 냉동하여 보관하면 필요할 때마다 녹여 쓸 수 있다.

비스크 Bisque

갑각류를 이용한 스톡으로 매우 복잡한 과정을 거쳐 만드는 육수입니다. 주로 바닷가재나 새우, 게 등을 사용하여 만듭니다. 이렇게 만든 육수에 크림을 더해 수프로도 활용하며, 육수에 한번 더 갑각류 등을 넣고 진하게 끓여 소스로도 사용합니다.

준비시간 : 30분
조리시간 : 60분

조리재료

바닷가재 500~700g 1마리
새우 200g
토마토 100g
양파 50g
당근 40g
펜넬 20g
셀러리 20g
토마토 페이스트 10g
버터 10g
오일 10㎖
화이트 와인 10㎖
코냑 5㎖
대파 4g
펜넬 시드 2g
물 3ℓ
소금, 후추

조리도구

칼, 도마, 냄비, 체

01. 양파, 펜넬은 채 썰고, 대파의 흰 부분과 셀러리 줄기는 잘게 썬다. 토마토, 당근은 큼직하게 썰어 준비한다.

02. 바닷가재는 집게를 뽑고 몸통과 머리를 분리한다. 머리는 껍데기를 떼어낸다.

03. 새우는 머리 부분만 떼어 손질한다.

04. 냄비에 올리브오일을 두르고 바닷가재의 머리, 집게, 팔 부분, 새우를 넣는다.

05. 바닷가재와 새우 머리를 가볍게 한번 볶은 후 버터를 넣고 볶는다.

06. 적당히 색이 나면 펜넬 시드를 넣고, 손질한 채소를 더해 한번 더 볶는다.

07. 채소가 다 볶아지면 화이트 와인을 넣고 알코올을 날린다.

08. 알코올이 날아가고 어느 정도 졸아들면 코냑을 넣고 플람베한다.

chef's advice

02. 바닷가재 500~700g 기준으로 완전히 익히는 데 꼬리 부분은 4분, 집게 부분은 7분 가량이 소요된다. 집게는 껍질이 두꺼워 익는 데 시간이 더 걸리므로 따로 데친다.

06. 토마토는 수분이 많으므로 가장 마지막에 넣어 수분을 잘 날려준다.

09. 토마토 페이스트는 잘 볶아주어야 떫은 맛과 신맛이 날아가면서 단맛과 산도가 살아난다. 이때 재료가 눌어붙지 않도록 육수를 조금씩 부어가며 볶는다.

10. 생선스톡이 없으면 물을 넣어도 된다. 다만 맛이 충분히 우러나도록 오랫동안 끓여야 한다.

09. 볶은 재료에 토마토 페이스트를 섞는다.

10. 생선 스톡을 붓고 월계수잎을 넣은 후 최소 30~40분 이상 끓인다.

11. 충분히 우러나면 체에 거른다.

12. 완성된 육수는 냉동하여 보관하면 필요할 때마다 녹여 쓸 수 있다.

맑은 닭고기 육수 Fond blanc de volaille

주방에서 가장 많이 사용하는 육수로, 치킨 소스를 만들 때 사용되는 베이스이며, 콩소메, 수프를 만들 때 주로 사용합니다. 뼈만으로는 깊은 맛이 나오지 않으므로 어느 정도 닭고기 살이 필요하며, 육수를 만들 때 닭의 껍질을 제거하고 끓이면 좀 더 기름이 적고 깔끔한 육수를 얻을 수 있습니다.

준비시간 : 10분
조리시간 : 60분

조리재료

닭고기 1kg
셀러리 20g
양파 50g
파 20g
당근 50g
파슬리 줄기 5g
부케가르니 1개
물 3ℓ
소금, 후추

조리도구

칼, 도마, 냄비, 체

01. 닭고기는 큼직하게 썬다.

02. 채소는 적당한 크기로 썬다.

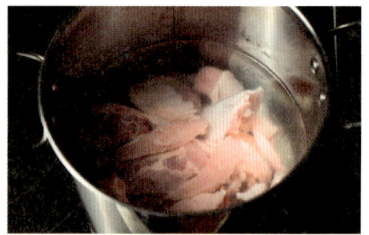

03. 냄비에 닭고기와 물을 넣고 끓인다.

04. 물이 끓으면 손질한 채소와 부케가르니, 통후추를 넣고 중불에 2시간 정도 끓인다.

chef's advice

01. 닭고기 손질법은 197페이지의 오리 손질법을 참조한다.

03. 맑은 육수는 찬물을 부어 끓여야 더 맑은 색을 얻을 수 있다.

04. 육수는 소스의 베이스가 되는 중요한 과정이므로, 물을 넣고 끓일 때 생기는 거품이나 불순물 등을 제때 잘 건져 제거해야만 좋은 육수를 얻을 수 있다.

05. 닭고기와 채소를 체에 거른다.

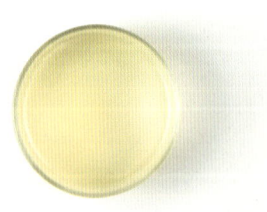

06. 완성된 육수는 냉동하여 보관하면 필요할 때마다 녹여 쓸 수 있다.

시판 스톡 사용법

스톡을 직접 만들기 어렵다면 시판 큐브 스톡을 사용하여도 좋습니다.
채소, 생선, 닭고기, 소고기, 양 스톡 등 다양한 종류가 있으므로 요리에 맞게 사용합니다.

소고기 스톡 생선 스톡 채소 스톡

치킨 스톡 양고기 스톡

01. 포장지에 적힌 물의 양에 맞추어 큐브 스톡을 넣는다.

02. 큐브가 완전히 풀어질 때까지 끓인다.

Appendix 2
소스

프렌치 요리는 소스로 먹는 음식이라고 불릴 정도로
요리에서 소스가 매우 중요한 요소입니다.
주로 고기를 굽는 과정에서 나오는 육즙 등을 이용해서 만들며,
종류에 따라 버터나 계란 등으로 만들기도 합니다.

뵈르 블랑 소스 Beurre blanc

뵈르 블랑이란 프랑스어로 화이트 버터를 의미합니다.
와인과 비네거, 샬롯 리덕션을 차가운 버터에 넣어 만든 클래식 프렌치 소스로,
가금류나 해산물, 채소나 계란요리와 잘 어울립니다.

준비시간 : 10분
조리시간 : 20분

조리재료

샬롯(양파) 50g
버터 100g
레몬주스 50㎖
화이트 와인 비네거 100㎖
화이트 와인 100㎖
소금, 후추

01. 샬롯은 껍질을 벗기고 잘게 썬다.

02. 냄비에 다진 샬롯을 넣고, 샬롯이 잠길 정도로 화이트 와인 비네거를 부은 후 중불에 천천히 익힌다.

조리도구

칼, 도마, 냄비

03. 샬롯이 투명해지면서 비네거가 졸아들면 화이트 와인을 넣는다. 버터를 조금씩 넣어주면서 약불에 버터를 천천히 녹인다.

04. 레몬주스를 첨가해 산도를 조절한다. 소금, 후추로 간한다.

chef's advice

03. 버터는 소스의 농도를 맞추기 위해 사용하는 것으로, 차가운 버터를 넣어야 소스의 농도가 걸쭉해진다.

05. 완성된 뵈르 블랑 소스

베샤멜 소스 Sauce béchamel

버터와 밀가루로 만든 루에 우유를 섞어 만드는 소스로, 프렌치 요리의 기본 소스입니다.
베샤멜이라는 이름은 이 요리를 처음 만든 사람이자
루이 14세의 집사장이었던 루이 드 베샤멜의 이름을 따서 지었다고 합니다.

01. 약불에 버터를 녹여 정제버터를 만든다.

02. 가루를 조금씩 버터에 넣어가며 섞는다.

준비시간 : 10분
조리시간 : 20분

조리재료

밀가루 500g
버터 500g
생크림 200㎖

03. 밀가루가 뭉치지 않도록 잘 섞는다.

04. 생크림을 부어 농도를 조절한다.

조리도구

냄비

05. 생크림을 부어가며 적당한 농도가 될 때까지 끓인다.

06. 완성된 베샤멜 소스

베아르네즈 소스 Sauce béarnaise

중탕한 달걀 노른자에 비네거 리덕션과 와인,
타라곤, 샬롯과 정제버터를 넣어 만드는 클래식 프렌치 소스입니다.
고기나 생선, 계란 요리나 채소 요리 등에 함께 곁들입니다.

준비시간 : 10분
조리시간 : 20분

조리재료

계란 노른자 300g
레몬주스 20㎖
정제버터 200g
레드 와인 비네거 50㎖ 샬롯 20g
타라곤 10g
처빌 10g
셰리 비네거 5㎖
소금, 후추

조리도구

칼, 도마, 냄비, 휘퍼

01. 샬롯은 잘게 썬다.

02. 레몬주스와 레드 와인 비네거, 잘게 썬 샬롯과 타라곤, 처빌과 후추를 넣고 끓여 리덕션을 만든다.

03. 계란 노른자에 정제버터를 넣고 중탕한다. 이때 달걀이 완전히 익지 않도록 주의한다.

04. 노른자에 점성이 생기면 1의 식초물을 넣고 정제버터를 더해 농도를 조절한다.

05. 소금과 후추, 셰리 비네거를 더해 간을 맞춘다.

06. 완성된 베아르네즈 소스

홀랜다이즈 소스 Sauce hollandaise

버터와 계란 노른자를 섞고 레몬주스를 더해 만드는 부드럽고 크리미한 소스로,
채소나 생선, 계란 요리 등에 곁들입니다.
대표적인 요리로는 에그 베네딕트가 있습니다.

01. 냄비에 레몬주스와 화이트 와인 비네거, 후추를 넣고 한번 끓인다.

02. 정제버터에 계란 노른자를 넣고 중탕한다. 이때 노른자가 완전히 익지 않도록 주의한다.

준비시간 : 10분
조리시간 : 10분

조리재료

계란 노른자 300g
레몬주스 20mℓ
정제버터 100g
식초 50mℓ
화이트 와인 비네거 100mℓ
소금, 후추

03. 노른자에 점성이 생기면 레몬주스를 넣은 식초물을 붓고 잘 섞어 소금, 후추로 간한다.

04. 완성된 홀랜다이즈 소스

조리도구

냄비, 휘퍼

비에주 소스 Sauce vierge

토마토, 샬롯, 올리브 등의 여러 채소를 잘게 썰고
올리브오일과 발사믹 비네거를 더해서 만드는 채소 소스입니다.
간단한 채소 요리의 드레싱이나 생선 요리 등에 곁들여 먹습니다.

준비시간 : 20분
조리시간 : 10분

조리재료

파프리카 20g
토마토 50g
샬롯(양파) 20g
그린빈 20g
블랙 올리브 10g
발사믹 비네거 100㎖
올리브오일 300㎖
파슬리 5g
소금, 후추

조리도구

칼, 도마, 볼

01. 그린빈, 토마토, 블랙 올리브, 파프리카, 샬롯은 5mm 크기의 작은 큐브 모양으로 썰고, 파슬리는 잘게 다진다.

02. 올리브오일과 발사믹 식초는 3:1의 비율로 섞고 손질한 채소를 넣은 뒤 소금, 후추로 간한다.

03. 완성된 비에주 소스

chef's advice

01. 그린빈은 아삭한 식감이 나도록 끓는 물에 살짝 데친다. 토마토는 끓는 물에 데쳐 껍질을 벗겨 사용한다.

토마토 소스 Sauce tomate

토마토 퓌레에 기타 향신료나 양념을 더해 만든 소스로,
다양한 요리에 사용되기도 하며 다른 소스를 만드는 재료로 쓰이기도 합니다.

01. 냄비에 올리브오일을 충분히 두르고 슬라이스한 마늘을 볶는다.

02. 마늘이 볶아지면 홀 토마토를 넣고 끓인다.

준비시간 : 10분
조리시간 : 30분

조리재료

홀 토마토 2kg
올리브오일 10㎖
마늘 5g
타임 2g
월계수잎 2g

03. 홀 토마토가 끓기 시작하면 타임과 월계수잎을 넣는다.

04. 홀 토마토가 다 끓으면 타임, 월계수잎, 슬라이스한 마늘을 건져낸다.

조리도구

칼, 도마, 냄비, 믹서

05. 건더기를 건져낸 홀 토마토를 믹서로 간다.

06. 완성된 토마토 소스

닭고기 소스 Jus de volaille

닭의 뼈나 남은 고기 부위를 강한 불에 구워색을 낸 후 치킨 스톡을 붓고 졸여 만든 소스입니다.
진한 갈색의 닭고기 소스로, 가금류나 생선 요리 등에 주로 사용합니다.

준비시간 : 20분
조리시간 : 60분

조리재료

닭날개 500g
치킨 스톡 2ℓ
버터 20g
샬롯 20g
화이트 와인 20㎖
오일 10㎖
소금, 후추

조리도구

칼, 도마, 냄비, 체

01. 닭날개는 일정한 크기로 잘라 손질한다.

02. 샬롯은 껍질을 벗기고 잘게 다진다.

03. 오일을 두른 냄비에 닭날개를 볶는다.

04. 닭날개가 갈색이 날 때까지 볶는다.

05. 닭날개가 색이 나면 다진 샬롯과 버터를 넣고 충분히 볶는다.

06. 체에 기름을 거른다.

07. 기름을 거른 닭날개와 샬롯을 다시 냄비에 넣는다. 화이트 와인으로 데글라세한 후, 고기가 잠길 정도로 치킨 스톡을 붓고 한소끔 끓인다. 끓어 오르면 불을 중불로 낮추어 천천히 졸인다.

08. 치킨스톡이 절반이 될 때까지 졸인다.

chef's advice

01. 고기는 일정한 크기로 잘라야 골고루 알맞게 익는다.

03. 냄비를 뜨겁게 달군 뒤에 고기를 넣어야 겉이 먼저 익어 코팅되면서 육즙 손실이 일어나지 않는다. 기름을 두르고 냄비에서 연기가 올라오면 달궈진 것이다.

06. 기름을 거른 후 바닥이 살짝 탄 상태의 기존 냄비에 다시 고기를 넣고 소스를 조리한다. 화이트 와인을 부어 냄비 바닥에 눌어붙어있는 것을 살살 긁어준 뒤, 알코올이 모두 날아가면 스톡을 넣는다.

07. 데글라세를 하고 스톡을 붓기 전에 간장을 넣고 한번 끓여 향을 내면 더욱 풍미가 좋아진다.

09. 닭날개와 샬롯을 체에 거르고 소금, 후추로 간한다.

10. 완성된 닭고기 소스

바비큐 소스 Sauce barbecue

고기를 바비큐하면서 표면에 바르는 소스입니다.
토마토와 양파, 겨자, 마늘, 황설탕과 비네거를 더해 만듭니다. 맥주나 와인을 더하기도 합니다.
이 책의 바비큐 소스 레시피에는 훈제한 베이컨을 다져 넣어 훈연 향을 가미하였습니다.

준비시간 : 10분
조리시간 : 30분

조리재료

베이컨 100g
양파 20g
발사믹 비네거 10㎖
레드 와인 10㎖
마늘 5g
케첩 10g
머스터드 소스 10g
우스터 소스 5㎖
소금. 후추

조리도구

칼, 도마, 냄비, 믹서

01. 달군 팬에 베이컨이 완전히 갈색이 날 때까지 볶은 후 채 썬 양파와 슬라이스한 마늘을 넣고 함께 볶는다.

02. 양파가 투명해지기 시작하면 발사믹 비네거를 넣고 졸인 후 레드 와인을 넣고 다시 졸인다.

03. 레드 와인이 걸쭉해질 때까지 졸아들면, 케첩을 넣고 한번 더 볶는다.

04. 믹서에 베이컨과 우스터 소스, 머스터드 소스를 넣고 간다. 깔끔한 맛을 원한다면 베이컨을 빼고 갈면 된다.

chef's advice

베이컨을 구울 때 코팅 팬을 사용하면 노릇한 색이 나기 어려우므로 코팅되지 않은 팬을 사용한다. 조리 중에 베이컨에서 나온 기름이 고이면 따라서 버린다.

05. 갈아낸 소스를 체에 거른다.

06. 완성된 바비큐 소스

소고기 소스 Jus de bœuf

소고기나 뼈를 태워 색을 내고 거기에 소고기 스톡을 부어 장시간 졸여 만드는 소스입니다. 스테이크 소스로 사용하거나, 익힌 소고기를 넣고 한번 더 조리하는 브레이징 등 다양한 요리에 사용됩니다.

01. 소고기는 약 3~4cm 크기의 큐브 모양으로 썬다.

02. 오일을 두르고 달군 냄비에 고기를 넣고 갈색이 날 때까지 볶는다.

준비시간 : 20분
조리시간 : 40분

조리재료

소고기 300g
비프 스톡 1ℓ
샬롯(양파) 50g
버터 20g
오일 10㎖
타임 2g
소금, 후추

조리도구

칼, 도마, 냄비, 체

03. 고기가 색이 나면 잘게 썬 샬롯을 넣고 잘 섞는다. 샬롯이 익기 시작하면 버터를 넣고 한번 더 볶는다.

04. 고기가 잘 볶아지면 체에 걸러 기름을 한번 뺀다.

chef's advice

01-1. 소스를 만드는 고기는 기름이 적은 살코기 부위를 사용한다.

01-2. 고기는 일정한 크기로 잘라야 골고루 알맞게 익는다.

02. 냄비를 뜨겁게 달군 뒤에 고기를 넣어야 겉이 먼저 익어 코팅되면서 육즙 손실이 일어나지 않는다. 기름을 두르고 냄비에서 연기가 올라오면 달궈진 것이다.

04. 기름을 거르고 난 후 바닥이 살짝 탄 상태의 기존 냄비에 다시 고기를 넣고 소스를 조리한다. 냄비 바닥에 눌어붙어 있는 것을 살살 긁어 소스에 활용한다. 이때 레드 와인으로 데글라세를 해도 좋다.

05. 기름을 뺀 고기를 다시 냄비에 넣고 비프 스톡을 부어 중불에 천천히 졸인다.

06. 완성된 소고기 소스

Appendix 3
프렌치 주방 용어

가니시 Garnish(영)
주요리에 곁들이는 음식. 주요리와의 조화와 영양균형을 고려하여 사용하며, 채소나 감자, 파스타 등 다양한 재료로 만든다. 장식적이면서도 먹을 수 있는 음식으로, 주요리의 바닥에 깔거나 주위에 두르거나 위에 올리는 등 다양하게 플레이팅한다. 요리를 보기 좋게 만들 뿐만 아니라 요리의 풍미를 더해주는 역할을 한다.

가스파초 Gazpacho(스)
토마토, 오이, 피망, 양파 등을 갈아서 차갑게 식혀 먹는 수프. 주로 여름에 먹는 수프로, 가열하지 않고 만드는 것이 특징이다. 남부 스페인의 안달루시아 지방에서 즐겨 먹어 가스파초 안달루스라고 불리기도 한다. 요즘에는 전통적인 토마토 외에도 과즙이 풍부한 수박, 참외, 멜론 등의 과일도 많이 사용된다.

구아카몰레 Guacamole(영)
으깬 아보카도와 레몬즙을 비롯한 다양한 재료를 더해 만드는 멕시칸 요리. 잘게 썬 토마토나 파 등을 넣기도 한다. 음식을 찍어 먹거나, 소스로 곁들이거나, 토핑, 혹은 곁들이는 음식으로 먹는다.

그라탱 Gratin(프)
치즈, 빵가루 등을 얹어 오븐에 색이 나도록 익힌 음식의 총칭. 본래 음식을 가열할 때 음식 표면에 나타나는 얇게 눌어붙은 자국을 의미하는 용어로, 어떤 음식이라도 이와 같은 방식으로 조리하면 그라탱이라고 부를 수 있다.

그레이터 Grater(영)
치즈 등의 단단하고 큰 덩어리를 잘게 갈아내는 도구로, 강판이라고도 한다. 스테인리스나 플라스틱 등으로 만들어진 물건이 많으며, 구멍이나 슬릿의 크기에 따라 잘게 써는 정도가 다르다.

그뤼에르 치즈 Gruyère(프)
스위스 프리부그 주에 있는 계곡의 이름을 딴 치즈로, 반경질(semi-hard) 치즈와 경질(hard) 치즈 사이의 질감을 가진다. 딱딱한 껍질 부분은 금빛을 띠는 갈색이며, 가운데 부분은 상아색에서 노란색을 띤다. 크리미하고 과일 향과 견과류 향, 버섯 향 등이 섞인 복합적인 풍미를 가진다.

그린빈 Green bean(영)
줄기콩이라고도 한다. 길고 얇은 초록색 콩꼬투리 안에 작은 씨가 들어 있는 것으로, 전체 꼬투리를 먹을 수 있다. 아삭아삭하고 색이 화사하며 흠이 없는 것을 고른다. 비타민 A와 C가 풍부하다.

글레이징 Glazing(영)
조리한 음식에 소스나 버터 등을 이용하여 윤기가 나도록 표면을 코팅하는 작업. 간편하게 액체에 설탕을 넣어 사용하기도 하지만, 스톡이나 소스에 차가운 버터를 넣고 중불에 천천히 녹여가며 점성을 만들어 코팅하는 것이 올바른 방법이다.

다이스 Dice(영)
재료를 주사위처럼 정육면체 모양으로 잘게 써는 것을 말한다. 3mm부터 2cm에 이르기까지 용도에 따라 적당한 크기로 썬다.

닭고기 소스 Jus de volaille(프)
닭의 뼈나 남은 고기 부위를 강한 불에 구워 색을 낸 뒤 치킨스톡을 붓고 졸여서 만든 소스. 진한 갈색의 닭고기 소스로 가금류나 생선 등에 널리 사용한다.

데글라세 Déglacer(프)
채소나 가금류, 고기를 볶거나 구운 후 냄비 바닥에 눌어붙어 있는 것을 포도주나 코냑, 마데이라 등을 넣어 국물을 끓여 내는 조리법을 말한다.

뒥셀 Duxelles(프)
잘게 썬 버섯과 샬롯, 허브 등을 버터로 천천히 익혀 걸쭉한 반죽같은 식감이 되도록 만든 것. 소스나 수프 등의 풍미를 솧게 하거나 가니시 등으로 쓰인다.

드레싱 Dressing(영)
차가운 소스 종류를 일컫는 말로, 주로 샐러드나 차가운 채소, 생선이나 고기 요리 등에 사용한다.

딜 Dill(영)
독특한 향을 지닌 허브로, 열을 가하면 향미가 사라지므로 요리의 가장 마지막 단계에서 사용한다. 샐러드, 채소, 고기요리 혹은 소스 등에 향을 더할 때 사용한다.

라구 Ragoût(프)
'식욕을 돋우다'라는 뜻의 프랑스어에서 유래한 말. 기름지고 걸쭉하며 간을 한 육류, 가금류, 생선 혹은 채소 등을 넣고 끓인 국물 요리를 말한다. 영어로는 스튜(stew)라고 한다.

라타투유 Ratatouille(프)
프랑스 프로방스 지역의 대표적인 요리로, 가지, 주키니, 피망, 토마토 등의 채소에 허브, 올리브오일을 넣고 뭉근히 끓여 만든 채소스튜를 말한다. 따뜻하게 먹거나 차게 먹을 수도 있으며, 가니시 혹은 빵, 크래커 등과 함께 곁들이는 전채로 먹기도 한다.

로메인 Romaine(영)
에게 해의 코스 섬이 원산지인 상추의 일종으로, 코스 상추라고도 한다. 잎은 아삭하고 약간 쓴맛이 나며, 줄기 부분은 수분이 많다. 주로 그린 샐러드 등에 아삭한 식감과 풍미를 더하기 위해 사용된다.

로스트 Roast(영)
재료를 얇고 뚜껑이 없는 팬에 올려 오븐에 구워내는 방식으로, 외피는 진한 갈색이 나며 속은 촉촉한 상태를 만드는 이상적인 방식이다. 주로 재료를 썰지 않고 그대로 굽거나, 큼직한 덩어리 형태로 구워낸다.

로스드 치킨 Roast chicken(영)
닭 한 마리를 통째로 구워 만드는 요리. 본래는 닭을 꼬치에 끼워 직화로 굽거나 로스터 등으로 구워낸 음식을 의미했다. 통째로 구워내므로 닭 특유의 풍미가 그대로 남아 있으며 훈연 향이 어우러진다.

로제 Rosé(프)
고기를 굽는 정도의 한 가지로, 레어보다 약간 더 익힌 상태를 말한다. 고기를 자르면 붉은 육즙이 스며나온다. 미디엄레어(medium rare)라고도 한다.

로제 와인 Rosé Wine(영)
와인의 한 종류로, 레드와인과 화이트와인의 중간 성질을 띤다. 적포도를 으깨어 발효시킨 뒤, 색이 적당히 나면 포도 껍질을 제거하여 만드는 와인으로, 연한 분홍빛 혹은 장밋빛을 띤다. 일반적으로 로제 와인은 가벼운 바디감과 연한 단맛이 특징이다. 주로 가벼운 풍미의 음식에 차갑게 하여 곁들인다.

로즈마리 Rosemary(영)
지중해 지역이 원산지인 민트과의 허브. 은녹색을 띠는 바늘 모양의 잎을 지니고 있으며, 레몬 향과 소나무 향을 섞은 듯한 향미를 지니고 있다. 과일 샐러드, 수프, 채소, 고기, 생선, 계란 요리, 드레싱 등에 다양하게 이용된다.

롤로로사 Lollo rossa(이)
이탈리아산 상추의 일종. 줄기 부분은 녹색이며, 이파리 부분은 자색을 띤다. 샐러드로 주로 사용한다.

루콜라 Rucola(이)
씁쓸하고 향이 풍부한 샐러드용 채소로, 후추와 겨자의 풍미를 느낄 수 있다. 잎은 밝은 녹색이며 신선해보이는 것을 고른다. 시들기 쉬운 채소이므로 잘 밀봉하여 냉장보관해야 하며 이틀 이내에는 모두 소비하여야 한다. 비타민 A와 C, 철분이 풍부하다.

루 Roux(프)
밀가루와 버터를 낮은 온도로 가열하면서 밀가루와 버터를 1:1의 비율로 섞어 만든 것으로, 수프나 소스 등에 점도를 더하고 싶을 때 쓴다. 루의 색에 따라서 크게 화이트 루와 브라운 루가 있는데, 조리 시간에 따라 색이 달라진다.

리슬링 화이트 와인 Riesling(독)
독일이 원산지인 화이트 와인의 일종으로, 섬세하지만 복잡한 향을 지니고 있다. 스파이시하면서도 프루티한 향미가 특징이며, 길게 남는 잔향은 꽃향기가 난다. 드라이한 와인부터 스위트 와인까지 다양한 스타일이 있다.

마리네이드 Marinade(프)
고기, 생선 또는 채소 등을 재우는 액체. 혹은 이러한 액체를 이용하여 재료를 재우는 조리법을 말한다. 재료를 조리하기 전이나 조리한 후 맛을 들이거나 향을 낼 때 사용한다.

멜론 볼러 Melon baller(영)
멜론을 둥근 형태로 파낼 때 사용하는 볼(bowl) 형태의 작고 둥근 도구. 파리지앵 스푼이라고도 한다.

몰드 Mold(영)
음식의 형태를 잡기 위해 사용하는 용기의 일종. 모양과 형태, 크기가 다양하며 초콜릿 등의 디저트를 부어 모양을 굳히는 데도 쓰인다. 이 책에서 사용된 몰드는 스테인리스로 된 원형 몰드로, 주로 접시 위에 음식을 담을 때 일정한 형태를 잡기 위해 사용되었다.

뫼니에르 Meunière(프)
가자미와 송어 등의 생선을 조리하는 방법의 일종으로, 재료에 간을 하고 얇게 밀가루를 바른 뒤 버터에 소테하는 조리법을 말한다. 레몬 주스와 파슬리로 마무리하며, 이 조리법을 사용하는 대표적인 요리로는 솔 뫼니에르가 있다.

미니 양배추 Brussels sprout(영)
방울 양배추라고도 한다. 양배추과에 속하는 식물로, 작은 양배추처럼 생겼다. 긴 줄기 하나에 여러 개의 방울 양배추가 자라며, 방울 양배추 한 알의 크기는 지름 1cm부터 4cm에 이른다. 비타민 A와 C, 철분이 풍부하다.

미르푸아 Mirepoix(프)
스톡이나 소스 등을 만들 때 당근, 양파, 셀러리, 샬롯 등을 주사위 모양으로 잘라 버터에 볶는 것을 말한다.

밀푀유 Mille feuille(프)
고전적인 프렌치 디저트 중 하나로, 프랑스어로 '천 장의 잎'이라는 뜻이다. 직사각형 모양의 바삭한 퍼프 패스트리 두 장 사이에 휘핑크림, 커스터드, 잼, 과일 퓌레 등을 넣어 만든다.

바비큐 소스 Sauce barbecue(프)
고기를 바비큐하면서 표면에 바르는 소스. 토마토와 양파, 겨자, 마늘, 황설탕과 비네거를 더해 만든다. 맥주나 와인을 더해 만들기도 한다. 이 책의 바비큐 소스 레시피에는 훈제한 베이컨을 다져 넣어 훈연 향을 가미하였다.

바질 Basil(영)
민트과에 속하는 1년생 식물로, 고대 그리스에서는 'royal herb'라 고 부르기도 했다. 신선한 바질은 감초와 정향을 섞은 듯한 톡 쏘는 향이 난다. 지중해 요리에서 중요한 허브로, 이탈리안 페스토 등을 만들 때 필수적인 재료다.

발사믹 비네거 Balsamic vinegar(영)
이탈리아의 모데나, 레지오 에밀리아 지방에서 유래한 식초의 일종으로, 트레비아노 품종의 포도로 만든다. 나무통에서 숙성되는 시간이 길수록 색이 더욱 어두워지고 특유의 톡 쏘는 향과 달콤함이 깊어진다.

발사믹 리덕션 Balsamic reduction(영)
스톡이나 와인, 소스 등을 가열하여 빠르게 졸이면 걸쭉해지면서 향이 강해지는데, 이를 리덕션이라 한다. 발사믹 리덕션은 발사믹 비네거를 졸여 만든 소스의 일종을 말한다.

베샤멜 소스 Sauce béchamel(프)
버터와 밀가루로 만든 루에 우유를 섞어 만드는 화이트 소스로, 프렌치 요리의 기본 소스. 베샤멜이라는 이름은 이 요리를 처음 만든 사람이자 루이 14세의 집사장이었던 루이 드 베샤멜의 이름을 따서 지었다.

베아르네즈 소스 Sauce bearnaise(프)
중탕한 달걀 노른자에 비네거 리덕션과 와인, 타라곤, 샬롯과 정제버터를 넣어 만드는 클래식 프렌치 소스. 고기나 생선, 계란요리나 채소요리 등에 함께 곁들인다.

벨루테 Veloute(프)
1. 벨루테 소스 : 기본 화이트 소스의 한 종류로, 벨벳처럼 부드러운 감촉을 지녔다 하여 붙은 이름이다. 버터와 밀가루로 만든 루를 스톡에 풀어 만든다.
2. 벨루테수프 : 채소, 고기, 생선, 갑각류 등의 재료를 벨루테 소스로 삶아 걸러낸 뒤, 부용을 넣고 크림과 계란, 버터를 더해 만든 수프. 이 책에 실린 벨루테 수프는 벨벳 같은 감촉을 지닌 수프라는 뜻으로 사용되었다.

뵈르 블랑 소스 Beurre blanc(프)
뵈르 블랑이란 프랑스어로 화이트 버터를 의미한다. 와인과 비네거, 샬롯 리덕션을 차가운 버터에 넣어 만든 클래식 프렌치 소스로, 가금류나 해산물, 채소나 계란요리와 잘 어울린다.

부야베스 Bouillabaisse(프)
남부 프랑스의 마르세유에서 만들어진 해산물 수프. 생선과 갑각류, 토마토 등을 한데 넣고 만든다. 본래 어부들이 남은 생선을 한데 넣고 끓여먹는 것에서 유래하였으나, 현재는 바닷가재 등을 넣고 호화롭게 만든 조리법부터 어부들의 전통 조리법까지 만드는 방법이 다양하다.

부용 Bouillon(프)
프랑스어로 '끓이다'라는 뜻에서 유래한 말로, 스톡과 마찬가지로 고기나 생선, 채소, 향신료 등을 넣고 끓여 만든 국물을 말한다. 찬물에 식재료를 넣고 맑게 끓여내는 것이 특징으로, 스톡보다는 가볍게 끓여 수프에 넣거나 다른 식재료를 넣고 조리하는 방식으로 사용한다.

부케가르니 Bouque-garnis(프)
스톡을 끓이거나 고기 등을 브레이징할 때 잡냄새나 풍미를 살리기 위해 첨가한다. 주로 대파의 초록색 부분에 월계수잎, 타임, 파슬리 줄기, 셀러리, 클로브 등을 넣고 실로 감싸서 만든다.

브라스리 Brasserie(프)
격식을 차리지 않는 편안한 분위기의 프렌치 카페를 말한다. 주로 맥주와 와인, 그리고 간단하면서도 푸짐한 식사를 즐길 수 있다.

브라운 버터 Brown Butter(영)
일반적으로 무염 버터를 가열하여 갈색이 나도록 조리한 것. 프랑스 어로는 뵈르 누아제트(Beurre Noisette)라고도 한다. 버터의 풍미를 더해서 조리할 때 사용한다. 주로 고기나 생선을 조리할 때 마지막에 아로제하는 과정에서 많이 사용된다. 너무 가열하여 태우면 색이 어두워지고 맛도 안 좋아지므로 주의해야 한다.

브랑다드 Brandade(프)
생크림이나 우유에 삶아 익힌 생선살과 감자를 고루 섞어 먹는 생선 요리. 부드럽고 크리미한 텍스처가 특징이다.

브레이징 Braising(영)
시어링한 고기에 채소와 물 또는 스톡을 붓고 장시간 천천히 익히는 조리 방식으로, 우리나라의 찜 요리와 비슷하다. 주로 지방이 없는 부위나 조직이 단단하여 질긴 고기를 부드럽게 조리할 때 사용한다.

브리오슈 Brioche(프)
버터와 계란을 듬뿍 사용하여 효모를 넣고 구워낸 빵으로, 전통적인 형태를 브리오슈 아 테트(Brioche à tête)라고 하는데, 세로로 홈이 나 있는 둥근 반죽 위에 상투처럼 동그란 반죽을 올려 구운 형태를 말한다.

비네거 Vinegar(영)
우리말로 식초를 뜻한다. 비네거라는 단어는 프랑스어로 '신 와인'을 뜻하는 단어에서 유래하였다. 와인이나 맥주, 사이다 등의 발효액이 박테리아의 활성에 의해 약한 아세트산으로 바뀌기 때문이다.

비네그레트 Vinaigrette(프)
오일과 비네거를 섞은 소스로, 샐러드 드레싱이나 차가운 채소, 고기 혹은 생선 요리 등에 사용된다. 가장 간단한 비네그레트는 비네거와 오일을 3대 1의 비율로 섞은 후 소금과 후추로 간을 하여 만든다.

비시수아즈 Vichyssoise(프)
감자와 크림으로 만들어 차게 식혀 먹는 수프. 수프를 처음 만든 요리사인 루이 디아가 프랑스 비시 출신이라는 데서 유래하였다.

비에주 소스 Sauce vierge(프)
토마토, 샬롯, 올리브 등의 여러 채소를 잘게 썰고 올리브 오일과 발사믹 비네거를 더해서 만드는 채소 소스. 간단한 채소 요리의 드레싱이나 생선 요리 등에 곁들여 먹는다.

비트 Beet(영)
붉은색 혹은 자색을 띠는 무의 일종. 단단하고 껍질이 매끄러운 것을 고르는 것이 좋다. 잎줄기 부분 역시 먹을 수 있으며 매우 영양가가 높지만, 줄기가 비트의 수분을 앗아가므로 바로 줄기를 제거하는 것이 좋다. 일반적으로 작은 크기의 비트가 큰 것보다 더 부드럽다. 껍질을 벗기면 붉은색의 즙이 묻어나며 잘 지워지지 않으므로 손질 시 장갑 등을 사용하면 좋다.

사프란 Saffron(영)
오렌지 빛을 띠는 향신료로, 음식에 향을 더하거나 색을 입힐 때 쓴다. 사프란은 보라색 크로스커스의 암술머리에서 얻을 수 있는데, 1온스(28.35g)의 사프란을 얻기 위해서는 1천4백 개의 암술머리가 필요하다. 이 과정은 모두 수작업으로 이루어지기 때문에 세계에서 가장 비싼 향신료로 통한다. 일반적으로 가루 형태로 된 것과 줄기 형태로 된 두 가지 종류가 있는데, 줄기 형태로 된 것이 더 향이 진하다. 줄기 형태로 된 사프란은 요리에 넣기 전에 잘게 부수어서 사용한다.

살사 Salsa(스)
멕시코, 혹은 스페인어로 '소스'를 의미한다. 중남미 요리에서 주로 사용하는 매운맛의 소스로, 산초와 토마토, 고추, 양파, 소금 등을 섞어 만들며, 사용하는 향신료나 재료에 따라 종류가 다양하다. 샐러드나 고기, 생선 요리 등에 함께 곁들여 먹는다.

샤르도네 Chardonnay(프)
프랑스 부르고뉴의 샤블리 지역에서 자라는 청포도 품종. 혹은 그 포도로 만든 와인을 지칭할 때 쓰이기도 한다. 영어로는 샤도네이라고 한다.

샤롤레 Charolais(프)
프랑스 샤롤레이 지역의 소 품종으로, 근육량이 높은 소를 말한다. 우리나라에서 비슷한 식감의 고기로는 앵거스 품종이 있으며 지방의 함유량이 낮아 고기 본연의 맛을 잘 느낄 수 있다.

샤블리 Chablis(프)
샤르도네 품종의 포도만을 사용하여 만든 화이트 와인. 프랑스의 샤블리 와인은 세계적으로 훌륭한 화이트 와인으로 취급되며, 크리스프하면서도 드라이한 향미가 특징이다.

샬롯 Shallot(영)
양파과의 일종. 양파의 약 4분의 1 정도 되는 크기로, 양파보다 향이 부드러워 양파 대신 쓰이기도 한다. 실제 모양은 양파보다는 마늘과 비슷하여 머리 부분은 여러 개의 구근이 달려 있으며 종이처럼 얇은 껍질로 싸여 있다.

세라노 햄 Serrano ham(영)
스페인 산 흰 돼지의 뒷다리를 7~13개월 가량 건조하여 만드는 햄을 말한다. 스페인어로는 '하몽 세라노'라고 한다.

셰리 Sherry(영)
셰리는 스페인 안달루시아 지방의 헤레즈 인근에서 만드는 화이트 와인을 말한다. 팔로미노 품종의 포도와 페드로 히메네즈 품종의 포도를 햇빛에 건조시켜 당분을 높인 뒤 발효시켜 만든다.

셰리 비네거 Sherry vinegar(영)
셰리로 만드는 와인 비네거

소고기 소스 Jus de bœuf(프)
소고기나 뼈를 태워 색을 내고 거기에 소고기 스톡을 부어 장시간 졸여 만드는 소스. 스테이크 소스로 사용하거나, 익힌 소고기를 넣고 한번 더 조리하는 브레이징 등 다양한 요리에 사용된다.

소테 Sauté(프)
팬 등에 기름이나 지방분을 약간 두른 뒤 음식을 빠르게 익히는 조리법

솔 Sole(프)
일반적으로 가자미라고 알려져 있으나, 우리나라의 서대와 흡사한 생선을 말한다. 국내에서 솔을 이용한 요리를 할 경우, 신선한 서대를 사용하는 것이 가장 좋으나, 구하기가 쉽지 않기 때문에 주로 가자미를 사용한다.

소렐 Sorrel(영)
시금치를 닮은 잎으로, 독특한 신맛이 나 유럽에서는 요리의 향미료로서 재배되는 식물이다. 끓는 물에 데쳐서 사용하면 신맛을 줄일 수 있으며 산도가 높아 고기를 부드럽게 해주는 연육 역할도 한다. 또한 신선한 잎을 병에 채워 식초를 부어 만드는 소렐 식초는 샐러드의 드레싱으로도 활용할 수 있다. 프랑스에선ㄴ 브레이징이나 해산물 요리에 많이 사용하는 식재료이기도 하다. 오렌지나 레몬 등을 사용해 신맛을 내는 요리에 대체품으로도 사용할 수 있다.

수란 Poached egg(영)
식초를 넣은 끓는 물에 껍질을 깐 날계란을 넣어 표면의 흰자만 익혀 만드는 계란 요리

스터핑 Stuffing(영)
내용물을 채워서 조리하는 음식의 속재료로, 가금류나 생선, 고기나 채소 등을 섞어 만든다. 만두나 라비올리를 만들 때의 속재료를 말한다.

스텝밀 Staff meal(영)
레스토랑 직원들이 먹는 식사. 주로 레스토랑에서 사용하고 남은 재료를 이용하여 만든다.

스톡 Stock(영)
채소나 고기, 생선이나 다른 양념을 물에 넣고 삶아 만든 물. 국물 요리 외에도 다양한 요리와 소스 등의 기초가 된다.

슬라이스 Slice(영)
재료를 얇게 써는 것. 혹은 얇게 썬 재료의 조각을 슬라이스라고도 한다.

시어링 Searing(영)
고기를 구울 때 처음부터 강한 불로 고기 표면이 짙은 갈색이 될 때까지 바삭한 크러스트를 만들며 고기 표면을 구워내는 방법. 겉면을 바짝 익혀서 고기 안의 육즙이 빠져나가지 못하도록 코팅한 후, 약한 불에 천천히 속을 익힌다.

아로제 Arroser(프)
고기, 생선 등을 굽거나 소테할 때, 굽고 있는 재료에서 흘러나온 기름이나 버터를 재료의 표면에 끼얹는 작업으로, 재료의 표면이 마르지 않도록 굽는 도중 버터 혹은 육수로 표면을 코팅시켜주는 조리법을 말한다. 이를 통해 고기의 익힘 정도와 풍미를 올릴 수 있다.

아뮈즈 Amuse(프)
식전에 가볍게 곁들이는 음식으로, '입을 즐겁게 한다'라는 뜻으로 아뮈즈부슈(Amuse-bouche)라고도 한다. 한입에 먹을 수 있는 작은 크기이며, 독특하고 이국적인 맛으로 식욕을 돋운다. 레스토랑의 메뉴판에는 따로 적혀 있지 않은 경우가 많으며, 식사에 대한 기대감을 불러 일으키는 역할을 한다.

알레르투르 Aller-retour(프)
프랑스어로 '왕복으로'라는 뜻으로, 빠르게 뒤집어 번갈아가며 익히는 것을 의미한다.

어슷썰기
주로 파처럼 긴 원통형의 재료를 썰 때, 한쪽으로 비스듬히 써는 방법을 말한다.

에그 베네딕트 Eggs Benedict(영)
토스트한 잉글리시 머핀에 슬라이스한 햄이나 베이컨 등을 올리고 수란을 얹은 뒤 홀랜다이즈 소스를 곁들이는 메뉴. 주로 아침식사나 브런치로 먹는다. 기원에 대해서는 다양한 설이 존재하는데, 은퇴한 증권중개인인 레무엘 베네딕트가 숙취 해소를 위해 호텔에 요청했던 레시피가 굳어진 것이라는 설, 또는 에드워드 몽고메리라는 사람이 베네딕트 준장을 기리기 위해 만들었다는 설 등이 대표적이다.

오레가노 Oregano(그)
민트과에 속하는 허브로, 그리스어로 '산의 즐거움'이라는 뜻이다. 지중해 요리에서 사용된다.

오소 부코 Osso buco(이)
송아지 정강이를 이용해 만드는 이탈리안 찜요리. 전통적으로 오소 부코는 레몬과 파슬리 등을 이용하여 만드는 그레몰라타를 가니시로 올리며, 리조토를 곁들인다.

와인 비네거 Wine vinegar(영)
와인을 이용하여 만드는 식초로, 화이트 와인과 레드 와인 어느 것이라도 사용해 만들 수 있다. 톡 쏘는 자극적인 향을 가진 것부터 다소 부드러운 향을 지닌 식초까지 다양하다.

우스터 소스 Worcester sauce(영)
묽고 어두운 색을 띠며 다소 톡 쏘는 풍미의 소스. 마늘, 콩 소스, 타마린드, 안초비, 비네거를 비롯하여 다양한 조미료를 더해 만든다. 소스의 이름은 잉글랜드의 우스터 시에서 유래하였다고 하며, 고기 양념이나 그레이비 소스, 수프 등에 사용된다.

월계수잎 Bay leaf(영)
월계수에서 채취하는 허브로, 지중해 지역이 원산이다. 주로 수프나 스튜, 채소나 고기 요리 등에 사용되며 일반적으로 요리를 내기 전에 잎을 제거한다. 월계수잎을 너무 많이 넣으면 요리에서 쓴맛이 날 수 있으므로 주의한다. 일반적으로 판매하는 월계수잎은 말린 것이 대부분이며, 공기가 통하지 않는 차갑고 어두운 환경에서 6개월 가량 보관할 수 있다.

이태리 파슬리 Italian parsley(영)
파슬리는 약간 후추 향이 나면서 신선한 풍미를 지닌 허브로, 음식의 향미를 풍부하게 하거나 가니시 등으로 사용한다. 30종 이상의 파슬리 종류가 있는데, 일반적으로 사용되는 잎이 둥글게 말린 파슬리는 컬리 파슬리(curly-leaf parsley)라고 한다. 이태리 파슬리는 플랫 파슬리(flat-leaf parsely)라고도 하며, 잎이 펼쳐져 있고 더 강한 풍미가 난다.

잉글리시 머핀 English muffin(영)
지름 7~10cm, 높이 3cm 정도 크기의 둥글고 납작한 형태의 머핀. 토스트하기 전에 반을 자르는데, 일반적으로 구웠을 때의 바삭한 식감을 살리고 버터나 잼을 많이 바를 수 있도록 포크를 사용하여 자른다.

잠봉 Jambon(프)
프랑스어로 '햄'을 의미한다.

적양배추 Red cabbage(영)
자색 양배추를 말한다. 아삭한 식감과 독특한 색으로 주로 샐러드 등에 사용한다.

적치커리 Red chicory(영)
줄기가 자색을 띠는 치커리를 말한다. 쓴맛을 내는 채소로, 샐러드 등에 사용한다.

전채 hors-d'œuvre, Entrée(프) / Appetizer(영)
고전적인 프렌치 코스에서는 오르되브르(hors-d'œuvre)라고도 부르며, 현대 코스에서는 가볍게 앙트레(Entrée)라고 부른다. 영어로는 애피타이저(Appetizer)라고 한다. 본식이 시작되기 전에 먹는 가벼운 요리를 의미하는 것으로, 고기나 생선, 계란, 채소 등 재료를 가리지 않으며, 따뜻한 요리부터 차가운 요리까지 다양하다.

정제버터 Beurre Clarifie(프) / Clarified butter(영)
무염 버터를 천천히 가열하여 수분을 날리고, 버터가 녹으면서 바닥에 가라앉는 유고형분을 제거하여 만든다. 금빛을 띠는 액상 버터로, 유고형분을 제거하여 일반 버터보다 발연점이 높아 더 높은 온도에서 조리할 수 있다.

제스트 Zest(영)
오렌지나 레몬, 라임 등 시트러스계 과일 껍질의 색을 띠는 가장 바깥층을 말한다. 보통 제스터라고 하는 기구를 이용해 레몬, 오렌지의 껍질 부분을 갈아서 사용한다. 과일 껍질에 함유된 향긋한 오일이 음식의 풍미를 더해준다. 껍질의 가장 바깥층만 사용하며, 그 아래의 하얀 부분은 쓴맛이 나므로 주의한다.

젤라틴 Gelatin(영)
무색, 무취, 무미의 증점제. 뜨거운 물에 용해하여 사용하며 식으면 젤리가 된다. 디저트 등의 젤리를 만들거나 차가운 수프 등에 점도를 더하고 싶을 때 사용한다. 동물의 뼈나 연골, 힘줄에서 유래한 순수 단백질이며, 일반적으로 판매되는 젤라틴은 돼지 껍질을 이용하여 만든다. 가루로 된 젤라틴과 판으로 된 젤라틴의 두 가지가 있다.

쥐 Jus(프)
프랑스어로 즙(juice)을 의미한다. 채소나 과일에서 나오는 즙뿐만 아니라 고기에서 스며 나오는 육즙도 포함한다. 고기 요리는 대개 그 고기를 조리할 때 나온 육즙으로 만든 소스를 함께 곁들인다.

차이브 Chive(영)
영양부추라고 한다. 독특한 향을 지닌 허브로, 얇고 선명한 초록색을 띠며 줄기 속이 비어 있다. 부드러운 양파와 비슷한 향이 나며, 샐러드나 요리 등에 색이나 풍미를 더하고 싶을 때 쓴다. 비타민A, 칼륨, 칼슘이 풍부하다.

찹 Chop(영) / Hacher(프)
재료를 아주 작고 균일한 크기로 써는 것을 말한다.

처빌 Chervil(영)
부드러운 향미를 지닌 파슬리과의 허브로, 둥글게 말린 잎은 진녹색을 띤다. 파슬리처럼 사용할 수 있지만, 삶아 조리하는 경우에는 특유의 섬세한 향이 사라지므로 주의한다.

초리조 Chorizo(스)
강하게 양념한 돼지고기를 거칠게 갈아 만든 소시지로, 마늘이나 칠리 파우더 등 다양한 향신료를 더해 만든다. 멕시칸 요리와 스패니시 요리에 광범위하게 사용된다.

카넬로니 Cannelloni(이)
큼직한 튜브 형태의 파스타를 말한다. 주로 속에 재료를 채워넣거나, 납작한 파스타 면 안에 재료를 넣고 둘둘 말아 만든다.

카슐레 Cassoulet(프)
프랑스 랑그독 지방의 전통요리로, 흰 콩과 소시지, 돼지고기, 혹은 숙성된 오리고기나 거위고기 등을 더해 만든다. 지역에 따라 재료의 조합이 달라진다.

캐러멜라이즈 Carammelize(영)
설탕을 가열하여 액화시킨 다음 금빛이나 어두운 갈색의 투명한 시럽이 되도록 만드는 것을 말한다. 이를 이용한 대표적인 디저트로 크렘 브륄레가 있다.

케이퍼 Caper(영)
지중해 지역과 일부 아시아 지역에서 자라는 케이퍼 나무의 꽃봉오리를 말한다. 꽃봉오리를 수확하여 햇빛에 말린 뒤 소금 친 비네거로 피클을 만든다. 케이퍼를 사용하기 전에는 소금기를 빼고 사용하며, 특유의 톡 쏘는 듯한 향이 소스나 조미료 등에 적합하다. 고기 요리나 채소 요리에 가니시로도 사용한다.

코냑 Cognac(프)
서부 프랑스의 코냑이라는 마을에서 유래한 브랜디로, 발효 후 두 번 증류하여 리무쟁 오크통에서 최소 3년간 숙성하여 만든다.

코니숑 Cornichon(프)
프랑스어로 '오이 피클'이라는 뜻. 손가락 길이 정도의 작은 오이를 사용하여 만들며, 아삭하고 신맛이 난다.

코코뱅 Coq au vin(프)
중부 프랑스를 대표하는 요리 중 하나로, 일반적으로 닭고기에 레드 와인을 넣고 브레이징하여 만든 요리를 말한다. 이 책에서는 리슬링 화이트 와인을 이용한 알자스식 코코뱅 레시피를 소개하였다.

코코트 Cocotte(프)
오븐용 내열 냄비로, 둥글거나 타원형이며 뚜껑이 있는 것을 말한다. 아담한 1인용 냄비부터 큼직한 다인용 냄비까지 크기가 다양하다.

콩포트 Compote(프)
주로 설탕을 넣고 졸여 만든 것을 말한다. 채소나 과일을 비네거 등으로 천천히 익히는 과정을 뜻하기도 한다.

콩피 Confit(프)
프랑스어로 '보존'이라는 뜻에서 유래한 말로, 과거 냉장고가 없던 시절 고기 등을 익힌 후 기름에 넣어 공기와의 접촉을 막아 장기 보존하는 음식을 뜻했다. 현재에는 주로 오리다리 등을 기름에 넣고 천천히 익혀 부드럽게 조리하는 방식을 말하며 가금류 이외에 고기, 생선, 채소 등에 다양하게 사용한다.

쿠르부용 Court-bouillon(프)
생선이나 해산물 등을 포칭하기 위해 만드는 스톡. 여러 가지 채소와 허브(정향 약간, 셀러리, 당근, 부케가르니) 등을 물에 넣고 30분간 끓여서 만든다. 와인, 레몬주스 또는 식초, 소금을 첨가하여 만들기도 한다.

커민 Cumin(프)
파슬리과 식물의 말린 열매로, 견과류와 같은 풍미를 지니고 있다. 호박색과 흰색, 검은색의 세 종류가 있는데, 호박색과 흰색 커민은 서로 바꾸어 사용할 수 있는 반면 검은색 커민은 후추와 같은 향이 난다. 특히 중동 지방이나 아시아, 지중해 요리에 흔히 사용된다.

큐브 Cube(영)
재료를 정육면체 모양으로 잘게 써는 것을 말한다. 3mm부터 2cm에 이르기까지 용도에 따라 적당한 크기로 썬다. 다이스와 같은 의미로 사용된다.

크러스트 Crust(영)
빵의 껍질처럼 조리한 음식의 겉 표면이 딱딱하게 굳은 부분이나 패스트리의 얇은 층을 의미한다.

크로크무슈 Croque-monsieur(프)
오븐에 구워낸 프랑스식 햄치즈 샌드위치. 빵에 베샤멜 소스를 바르고 그뤼에르 치즈 혹은 에멘탈 치즈, 햄을 올린 뒤 오븐에 구워 만든다. 프랑스의 카페나 바 등에서 간단하게 먹을 수 있는 메뉴로, 위에 계란 프라이를 얹으면 크로크마담(Croque madame)이 된다.

크루통 Croûton(프)
작은 정육면체 형태로 썬 빵을 소테하거나 구워 바삭하게 만든 조각을 말한다. 일반적으로 수프나 샐러드의 가니시로 사용된다.

타르타르 Tartar(영)
거칠게 갈거나 곱게 썬 소고기를 익히지 않고 소금과 후추, 허브로 양념하여 먹는 음식을 말한다. 스테이크 타르타르, 혹은 비프 타르타르라고 한다. 둥글게 모양을 잡은 고기 위에 익히지 않은 계란 노른자를 올려 낸다. 케이퍼나 파슬리 찹, 양파 등을 곁들이는 것이 일반적이다.

타르타르 소스 Tartar sauce(영)
마요네즈와 으깬 케이퍼, 양파 또는 샬롯, 레몬주스 또는 비네거와 각종 양념을 넣어 만드는 소스를 말한다. 전통적으로 튀긴 생선 요리에 곁들여 먹는다.

타바스코 소스 Tabasco sauce(영)
매킬러니 사에서 만든 핫소스의 상표. 타바스코 고추와 비네거, 소금을 더해 만든다. 타바스코 고추는 멕시코의 타바스코 주에서 생산되는 붉은색의 작고 매운 고추의 한 종류다.

타임 Thyme(영)
남부 유럽과 지중해 지역에서 자생하는 민트과의 허브. 회색빛이 도는 녹색 잎을 가지고 있으며, 자극적인 민트향과 가벼운 레몬향이 더해진 향이 난다.

토마토 소스 Sauce tomate(프)
토마토 퓌레에 기타 향신료나 양념을 더해 만든 소스로, 다양한 요리에 사용되기도 하며 다른 소스를 만드는 재료로 쓰이기도 한다.

토마토 페이스트 Tomato paste(영)
토마토를 수 시간동안 가열하여 걸러내고 맛이 농축되면서 어두운 붉은색이 날 때까지 졸여 만든 것. 캔이나 튜브에 담겨 판매된다.

토치 Torch(영)
부탄가스를 이용하여 사용하는 화기로, 순간적으로 식재료의 표면에 강한 열을 가할 때 사용한다.

트러플 오일 Truffle oil(영)
트러플로 만든 오일로, 요리에 트러플 풍미를 더하고 싶을 때 사용한다. 트러플은 지하에서 자라는 버섯의 일종으로, 5cm에서 30cm까지 크기가 다양하다. 주로 돼지와 개를 이용하여 찾아내기 때문에 희귀하면서도 값비싼 식재료다.

파르메산 치즈 Parmesan(영)
수분 함량이 적은 경질 치즈의 일종으로, 소의 우유를 걸러내 만든다. 껍질은 엷은 금빛이며 풍부하고 톡 쏘는 듯한 맛을 내는 치즈의 안쪽은 옅은 노란색을 띤다. 이탈리아에서 만든 파르미지아노 레지아노가 가장 유명하다.

팬프라이 Pan-fry(영)
팬에 오일을 두르고 음식을 조리하는 방법으로, 일반적인 튀김 방식보다 기름을 적게 사용한다. 음식을 기름에 완전히 빠트려 익힐 필요가 없을 때 사용한다. 소테는 팬프라이보다 더 빨리 음식을 조리한다는 점이 다르다.

페스토 Pesto(이)
팬에 오일을 두르고 음식을 조리하는 방법으로, 일반적인 튀김 방식보다 기름을 적게 사용한다. 음식을 기름에 완전히 빠트려 익힐 필요가 없을 때 사용한다. 소테는 팬프라이보다 더 빨리 음식을 조리한다는 점이 다르다.

펜넬 Fennel(영)
일반적으로 플로렌스 펜넬(Florence fennel)을 지칭하며, 지중해 지역에서 재배되는 향채를 말한다. 넓적한 구근 부분을 주로 요리에 사용하며, 줄기 부분도 먹을 수 있다. 샐러드 등에 익히지 않고 사용하거나, 브레이징하거나 소테하여 사용한다.

펜넬 시드 Fennel seed(영)
회향 씨를 말한다. 플로렌스 펜넬과는 다른 종류의 펜넬에서 나오는 씨앗으로, 타원형이며 녹갈색을 띤다.

포마드 Pommade(프)/Pomade(영)
상온에 두어 버터가 말랑말랑하게 된 상태를 말한다.

포치 Poach(프)
끓는 물에 재료를 삶거나 데치는 것. 물 외에도 육수나 와인 등을 사용한다.

폴렌타 Polenta(이)
북부 이탈리아의 주식으로, 옥수수 가루로 만드는 옥수수죽을 말한다. 따뜻할 때 버터를 넣어 먹거나, 단단하게 식힌 뒤 튀겨 먹는다.

퐁듀 Fondue(프)
프랑스어로 '녹이다'라는 단어에서 파생된 단어로, 일반적으로 잘 알려진 초콜릿 퐁듀는 초콜릿을 녹여 크림 등의 재료와 섞어 만든 것을 의미한다. 프렌치 조리법에서는, 잘게 썬 채소를 오랫동안 천천히 조리하여 걸쭉하게 만드는 것을 말한다. 주로 고기 요리나 생선 요리의 가니시로 쓰인다.

퓌레 Purée(프)
과일이나 채소 등을 부드럽게 으깨어 걸쭉하게 만든 것. 가니시나 곁들이는 메뉴로 주로 나온다. 매시드포테이토(감자퓌레)가 대표적인 예나.

프로슈토 Prosciutto(이)
이탈리아어로 '햄'을 뜻한다. 양념을 하고 소금으로 보존처리한 후 건조한 햄을 말한다. 처리 과정을 거치는 동안 고기는 단단하고 빡빡한 질감을 낸다.

플람베 Flambé(프)
알코올이 함유된 음료 등을 이용해 음식에 불을 붙이는 방법으로, 채소의 풋내나 고기 누린내, 생선 비린내 등의 나쁜 향미 성분을 알코올의 휘발 성분을 이용하여 날려버리는 조리 기술. 이를 통해 요리의 풍미를 좋게 할 수 있다.

플레이팅 Plating(영)
접시 위에 음식을 보기 좋게 담아내는 작업을 말한다.

피클링 스파이스 Pickling spice(영)
음식을 절일 때 사용하는 향신료 일체를 말한다. 구성은 제조사에 따라 조금씩 다르지만, 올스파이스, 월계수잎, 카다멈, 시나몬, 정향, 겨자씨 등이 포함된다. 시판되는 피클링 스파이스를 사용하면 된다.

필 Peel(영)
과일이나 채소의 외피 혹은 껍질을 말한다. 오렌지나 레몬 등은 칼이나 필러를 사용하여 얇게 벗겨낸 껍질을 요리의 가니시로 사용하기도 하는데, 이를 지칭하기도 한다.

할라피뇨 Jalapeño(멕)
어두운 녹색을 띠며, 완전히 익으면 붉은색을 띠는 멕시코산 고추. 길이 5cm, 지름 2cm 정도의 크기다. 소스에 다양하게 사용되며, 종종 치즈나 생선, 고기 등을 채워 먹기도 한다.

홀랜다이즈 소스 Hollandaise sauce(영)
버터와 계란 노른자를 섞고 레몬주스를 더해 만드는 부드럽고 크리미한 소스로, 채소나 생선, 계란 요리 등에 곁들인다. 대표적인 요리로는 에그 베네딕트가 있다.

화이트 발사믹 비네거 White balsamic vinegar(영)
이탈리아의 모데나 지역에서 만들어지며, 일반적인 발사믹 비네거와 달리 포도를 압력 조리하여 캐러멜라이즈화 되는 것을 막는 방식으로 만든다. 발사믹 특유의 색을 내지 않으면서 비네거 풍미를 더하고 싶을 때 주로 사용한다.

저자 소개

김민규

1977년 출생. 연세대학교에서 경제학을 전공하였으나, 곧 요리에 매력을 느끼고 '그저 요리가 좋아' 프랑스로 건너가 본격적인 요리 공부를 시작하였다. 리옹에 있는 폴보퀴즈 앵스티튀트Paul Bocuse Institute에서 프렌치 요리를 배우고 프랑스에 소재한 유수의 미슐랭 스타 레스토랑을 거쳤다. 프랑스의 전설적인 미식평론가 브리야 사바랭의 "새로운 요리의 발견은 새로운 천체의 발견보다 더 큰 행복을 인류에 기여한다."라는 말을 신조로 사람들의 행복에 기여할 수 있는 다양한 요리를 선보이는 것이 목표다.

미식의 본토 프랑스에서 요리학교를 마치고 스타주(견습생)로 시작하여 정식 요리사로 일한 경험을 토대로 프렌치 요리를 선보인다. 리옹의 미슐랭 2스타 레스토랑 〈기 라소제Guy Lassausaie〉의 오너셰프 기 라소제로부터 오트 퀴진의 기본기를 배우고, 프랑스를 대표하는 스타 셰프 장 프랑수아 피에주로부터 파인 다이닝을 배웠다. 파리 크리옹 호텔의 미슐랭 2스타 레스토랑 〈레 장바사되르Les Ambassadeur〉, 파리 포시즌즈 호텔의 미슐랭 2스타 레스토랑 〈르 생크Le Cinq〉, 파리 파크 하얏트 호텔의 미슐랭 1스타 레스토랑 〈르 퓌르Le Pur〉 등에서 경력을 쌓았으며, '실력은 결국 경험에서 나타난다.'라는 말을 몸소 실천하고 있다.

2014년 한국으로 돌아와 청담동 〈메종 드 라 카테고리〉 및 〈라 카테고리〉의 총괄 셰프를 맡았으며, 현재는 파크 하얏트 서울 호텔의 부총주방장executive sous chef으로 재직 중이다. 또한 대외적으로도 2017년 10월 보퀴즈 도르Bocuse d'Or 대한민국 대표 선수 선발전의 심사위원 역임, 2018년 5월 〈호텔리어어워즈아시아 2018 The Hotelier Awards Asia 2018〉에서 〈2018 아시아 올해의 호텔리어 셰프 Chef Hotelier of the Year Asia 2018〉 부문 최종 5인에 선정되는 등 다방면에서 활동 중이다.

김민규 셰프의 프렌치 주방

2018년 7월 25일 초판 2쇄 인쇄
2018년 8월 1일 초판 2쇄 발행

2017년 6월 5일 초판 1쇄 인쇄
2017년 6월 12일 초판 1쇄 발행

지은이 : 김민규
사진 : 김은조 | 그릇협찬 : 비전글라스
발행인 : 여민종 | 발행처 : BR미디어

등록번호 : 제2011-000074호 | 등록일: 2011년 3월 8일

BR미디어 주식회사 03142 서울 종로구 중학동 14 트윈트리빌딩 A동 16층

문의전화 : 02 512 2146 | 팩스 : 02 565 9652 | e-mail : webmaster@blueR.co.kr
website : http://www.blueR.co.kr

정가 17,000원

ISBN   978-89-93508-40-6 14590
        978-89-93508-31-4 (세트)

ⓒ 김민규 2017

* 이 책 저작권자와 출판사의 서면 동의 없이는 이 책의 내용을 전체적으로나 부분적으로나
또한 어떤 수단·방법으로나 아무도 복제·전재하거나 전자 장치에 저장할 수 없습니다.
* 잘못된 책은 바꾸어 드립니다.
* 이 도서의 국립중앙도서관 출판예정도서목록(CIP)은 서지정보유통지원시스템 홈페이지(http://seoji.nl.go.kr) 와
국가자료공동목록시스템(http://www.nl.go.kr/kolisnet)에서 이용하실 수 있습니다.
(CIP제어번호 : CIP2017009276)

블로거 비밀이야의
이탈리아 미식 여행 가이드

비밀이야의
맛있는 이탈리아

인기 블로거 비밀이야가
엄선한 수준 높은
이탈리아 레스토랑

지은이 배동렬 | BR미디어 발행 | 432쪽
전면 컬러 | 가격 16,000원

블로거 비밀이야의
스페인 미식 여행 가이드

비밀이야의
맛있는 스페인

인기 블로거 비밀이야가
엄선한 수준 높은
스페인 레스토랑

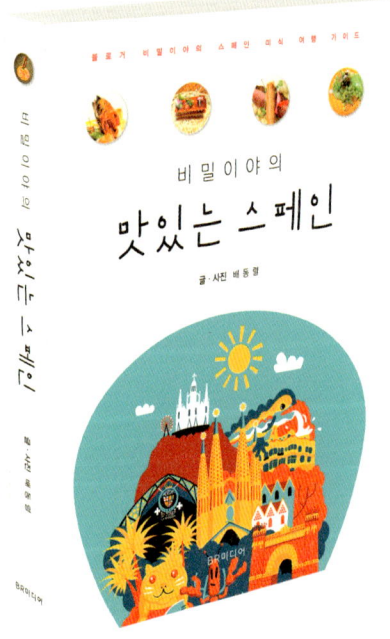

지은이 배동렬 | BR미디어 발행 | 378쪽
전면 컬러 | 가격 16,000원

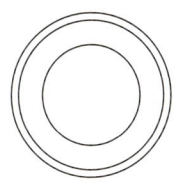

초보 미식가를 위한 레스토랑 사용법

레스토랑에서 사용하는 식재료와
조리법부터 와인, 치즈까지
파인 다이닝 레스토랑에서
'아는 척' 하는 데 필요한 모든 것

지은이 콜린 러시 | 옮긴이 김은조, 이인선
BR미디어 발행 | 224쪽 | 가격 15,000원

음식 블로그에서 요리책, 레스토랑 비평까지 음식에 관한 글쓰기의 모든 것

음식 블로그와 요리책, 레스토랑 비평,
음식을 주제로 한 에세이와 논픽션, 소설 등
다양한 형태의 음식글을 쓰고 싶은 음식 작가와
음식글 편집자가 되고 싶은 사람을 위한 지침서

지은이 다이앤 제이콥 | 옮긴이 김은조
BR미디어 발행 | 392쪽 | 가격 16,000원

2만 명 넘는 독자가 평가에 참여한 우리나라를 대표하는 맛집 평가서
미식가들의 필독서

2005년 우리나라 최초의
레스토랑 평가서로 시작하여
권위를 인정 받고 있는 〈블루리본서베이〉
전국 최고의 맛집만을 담았습니다.

전국의 맛이 내 손 안에!

BR미디어 발행 | 632쪽 | 전면 컬러 | 가격 19,000원

2만 명 넘는 독자가 평가에 참여한 우리나라를 대표하는 맛집 평가서
미식가들의 필독서

2005년 우리나라 최초의
레스토랑 평가서로 시작하여
권위를 인정 받고 있는 〈블루리본서베이〉
서울 최고의 맛집만을 담았습니다.

서울의 맛이 내 손 안에!

BR미디어 발행 | 384쪽 | 전면 컬러 | 가격 16,000원